West Coastin'

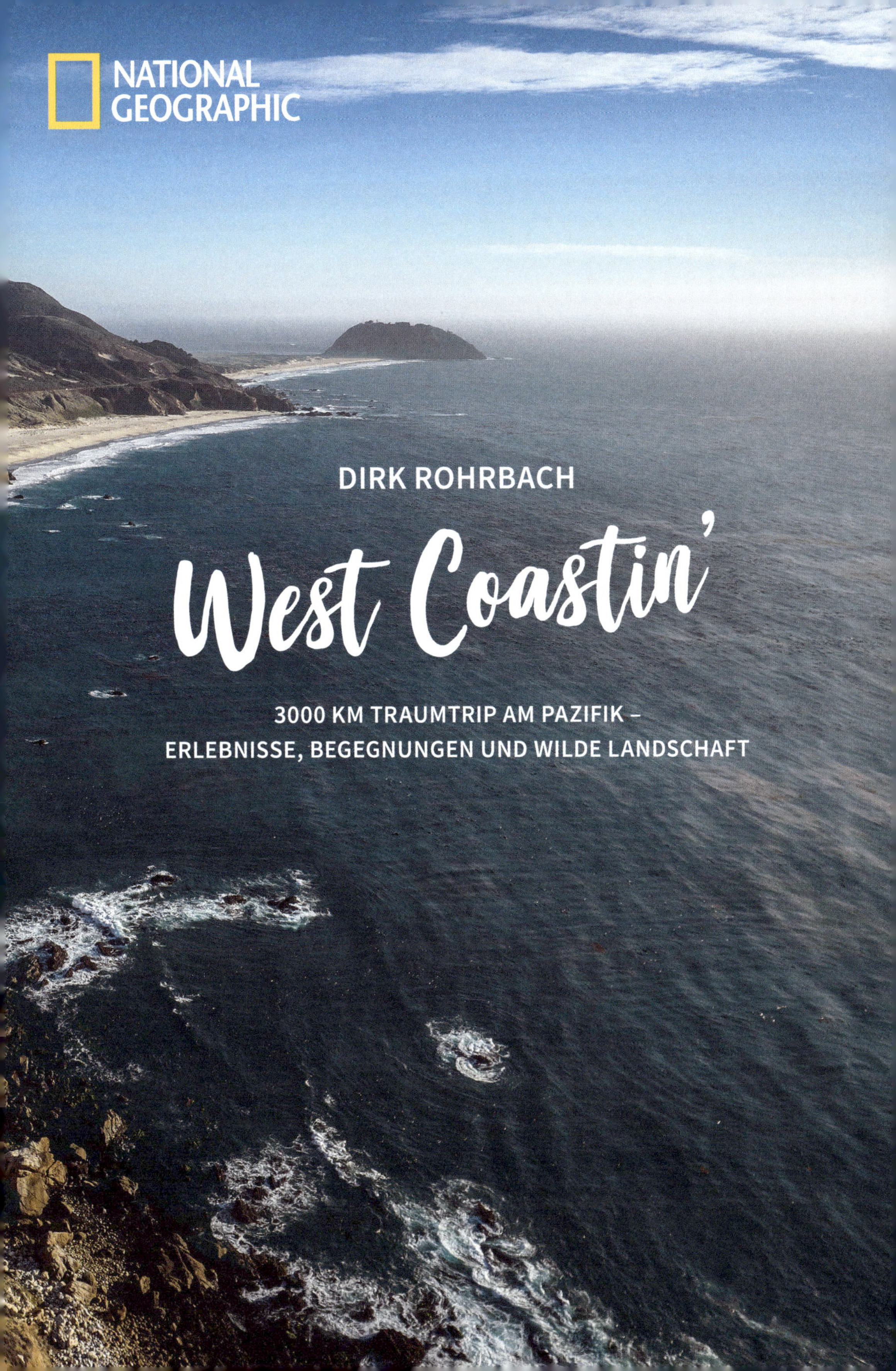

NATIONAL GEOGRAPHIC

DIRK ROHRBACH

West Coastin'

3000 KM TRAUMTRIP AM PAZIFIK –
ERLEBNISSE, BEGEGNUNGEN UND WILDE LANDSCHAFT

Für Paul, into the great wide open

Inhalt

Links: Wild und schroff ist die Küste kurz vor Bodega Bay.
Hier wird der Highway 1 zu Kaliforniens Traumstraße.

HIKER/
BICYCLE
CAMPSITE

Vorweg

Ich tippe diese Zeilen am Tisch in der *mother-in-law suite*. So nennt Connie den Raum über der Garage, Schwiegermutterstube. Bett, Schrank, Dusche. Kochen kann ich drüben im Haus, hat sie mir angeboten. Connie und ihr Mann Chris sind gerade beruflich in München, ihr Haus hier in Redmond bei Seattle steht leer. Ein unwiderstehliches Angebot. Schließlich kenne ich das Zimmer seit 2004, als ich hier schon mal übernachtet habe. Nach dem Crash im Tunnel. Ich war dabei, Amerika mit dem Fahrrad zu umrunden, fast 15 000 Kilometer. Seattle markierte ungefähr Halbzeit, nachdem ich in Florida gestartet, quer durch den Süden bis Los Angeles und dann die Küste hochgefahren war. Mein erstes großes Abenteuer. Dafür hatte ich extra eine Auszeit genommen von meinen Jobs als Arzt und Radiomoderator, den Mietvertrag gekündigt und meine Sachen bei Freunden untergestellt. Sechs Monate allein in Amerika. Ein Traum.

Nicht ohne Herausforderungen. Speichenbrüche vor allem. Und dann der Crash im Tunnel. Im Straßengewirr von Seattle bin ich irgendwann auf der Autobahn gelandet und musste auf dem Seitenstreifen durch einen Tunnel, um zur nächsten Ausfahrt zu gelangen. Bergab hatte ich bestimmt 30, 40 Sachen drauf und meine Sonnenbrille auf der Nase. Zu spät erkannte ich direkt vor mir ein schemenhaftes Etwas. Beim Aufprall platzten sofort beide Reifen und die Felgen waren hinüber. Aber wie durch ein Wunder bin ich nicht gestürzt. Im Schock bin ich ausgerollt, abgestiegen und habe das Rad aus dem Tunnel rausgeschoben. Was da lag, habe ich nicht herausgefunden, vielleicht eine alte Autobatterie. Egal, ich war heile, das Rad nicht. Zum Glück.

Denn während der Reparatur fand ich Unterschlupf bei Connie und ihrer Familie. Die Einladung kam sogar schon vor der Reise per E-Mail. Connie stammt aus Augsburg, lebt aber mit ihrem Mann Chris und den beiden Töchtern schon lange in Washington. Übers Internetradio wusste sie von meiner Tour und lockte

---

Hiker biker sites gibt es überall entlang der Route. Günstiger kann man als Radler nirgendwo übernachten.

ORTLIEB

Camp am Pazifischen Ozean in Washington. Die Brandung sorgt für einen tiefen Schlaf.

mich mit selbst gemachtem bayerischem Wurschtsalat. Nach ein paar Pausentagen im »Schwiegermutterzimmer« und mit zwei neuen Laufrädern konnte ich die Tour dann fortsetzen und am Ende wieder Florida erreichen. Die Umrundung war vollbracht – und ich danach völlig orientierungslos. Deutschland fühlte sich plötzlich so eng an. Ich vermisste die Weite, das Unterwegssein, die Begegnungen.

Trotzdem hat es noch mal fünf Jahre gedauert, bis ich einen krassen Schnitt in meinem Leben gemacht und den Ausstieg endgültig gewagt habe. Ich entschied mich gegen einen festen Wohnsitz, Karriere, Familie und für ein Leben als rastloser Nomade, überall und nirgends zu Hause. Seit 2010 pendle ich so zwischen Amerika und Europa. Im Sommer reise ich monatelang durch die USA, sammle Geschichten, Interviews, fotografiere. Im Winter teile ich meine Erlebnisse bei Vorträgen, Lesungen, im Radio und Fernsehen. Rückblickend war die Radtour 2004 nicht nur der Auslöser, sondern auch der Wendepunkt.

Wenn Radfahren philosophisch wird.
Nur wer weitermacht, kann die Balance halten.

Neun Jahre später habe ich die USA mit dem Rad noch mal durchquert und bin von New York nach Los Angeles gefahren, genau durch die Mitte. Jetzt fehlte nur noch eine Tour von Nord nach Süd, um meine Trilogie der Radabenteuer abzuschließen. Warum also nicht zurück auf die schönste Küstenstraße der Welt? Hier gibt es alles. Schneebedeckte Vulkane, uralte Baumriesen, einsame Traumstrände und den endlos weiten Ozean. 3000 Kilometer wilde Küste. Ihr wollte ich folgen, aus eigener Kraft, mit dem Rad, von der kanadischen bis zur mexikanischen Grenze. Und ich wollte die Menschen treffen, für die Amerikas Westküste Heimat ist, Aussteiger, Träumer und Visionäre.

Vielleicht ist Radreisen die schönste Form des Reisens. Entschleunigt, aus eigener Kraft erfährt man sich ein Land, erlebt intensiver, nimmt Dinge wahr, an denen man im Auto einfach

vorbeifahren würde. Und man kommt schnell ins Gespräch. Woher, wohin, warum. Die zentralen Fragen bei jeder Begegnung unterwegs. Und manchmal öffnet das Rad eben auch Türen. Und genau darum geht es mir. Meine Reisen sollen immer nur der rote Faden sein, um die Geschichten der Menschen zu erzählen, denen ich unterwegs begegne.

Und damit ich mich voll darauf konzentrieren konnte, hatte ich meine Ausrüstung für die Tour an der West Coast noch mal ordentlich gepimpt. Das Rad ist jetzt ein superleichtes Gravelbike mit Carbonrahmen, Hydraulikbremsen und Gepäckträgern für wasserdichte Packtaschen, in denen ich Proviant, Wechselkleidung, Schlafsack, Isomatte und Zelt unterbringen kann. Ende Mai 2021 bin ich gestartet, wobei man diese Tour an der Westküste mit der passenden Ausrüstung grundsätzlich das ganze Jahr über fahren könnte. Das gilt erst recht für eine Reise mit dem Auto, Motorrad oder Wohnmobil. Egal wie, Hauptsache los! Von Nord nach Süd. Und immer rechts der Pazifik.

Drohnenbild von Gravelbike samt Ausrüstung.
Wasserdicht verpackt hat alles seinen Platz am Rad.

Washington Coast

CHILDREN · OF · A · COMMON · MOTHER

Traumstädte und richtig guter Kaffee

CHILDREN·OF·A·COMMON·MOTHER. Die schwarzen Lettern prangen deutlich sichtbar in fast 20 Meter Höhe auf dem weiß getünchten Betonklotz. Peace Arch nennen sie ihn, den Friedensbogen. Und die beiden Kinder sind Kanada und die Vereinigten Staaten. Die Mutter heißt Europa, genauer: das Vereinigte Königreich. Und mit dem lagen die noch jungen Vereinigten Staaten von Anfang an im Clinch. 1812 resultierte daraus ein blutiger Krieg, der mehr als zwei Jahre dauern sollte. Es ging um territoriale Vorherrschaft im Nordwesten, um was sonst. 1814 wurde im belgischen Gent ein Friedensvertrag formuliert, der unter anderem eine fortan offene Grenze zwischen den USA und Kanada garantierte. »May these gates never be closed«, steht deshalb in ebenfalls schwarzen Lettern unten, im Durchgang des Bogens. Dann kam COVID – und die Tore schlossen sich doch, für mehr als anderthalb Jahre.

Als ich hier stehe, mit meinem Rad, ist die Grenze immer noch dicht. Ich muss auf der amerikanischen Seite bleiben, in Blaine, Washington. Aber dort herrscht längst wieder reger Betrieb. Familien picknicken, Paare machen Selfies, Kinder spielen auf dem getrimmten Rasen. Hier also beginnt meine Reise: 3000 Kilometer nach Süden auf der schönsten Küstenstraße der Welt bis zur mexikanischen Grenze, wo mich ein krasses Kontrastprogramm erwarten wird, in ein paar Wochen.

Die Traumstraße mit den vielen Namen

Die Straße entlang der Westküste hat mehrere Namen. Als 101 beginnt sie hier oben in Washington, später, in Kalifornien, wird sie zum Highway 1. Pacific Coast Highway, Redwoods Highway, Shoreline Highway, Cabrillo Highway, El Camino Real lauten die Spitznamen. Eines haben alle Abschnitte gemeinsam, wenn man

Start am Friedensbogen zwischen Kanada und USA. Von hier sind es gut 3000 Kilometer bis nach Mexiko.

von Nord nach Süd fährt: Immer rechts liegt der Stille Ozean. Kein wirklich passender Name für das tosende Ungetüm, das das Meer hier häufig sein kann. Der Name geht auf den portugiesischen Seefahrer Ferdinand Magellan zurück, der bei seiner Weltumsegelung von Stürmen gejagt schließlich den Pazifik erreichte, wo die See ihn friedlich empfing. Deshalb nannte er sie Mar Pacifico. Schwein gehabt. Denn hier im Nordwesten Amerikas ist der Pazifik meist alles andere als still. Mit ohrenbetäubendem Lärm branden die Monsterwellen an die schroffe, windumtoste Küste. Gischt und Küstennebel schaffen ein einzigartiges Klima, in dem die größten Bäume der Welt wachsen. Sturm und eiskalte Wassertemperaturen sorgen dafür, dass die unendlich weiten Sandstrände oft verwaist bleiben. In all dieser gewaltigen, Ehrfurcht gebietenden Machtdemonstration der Natur liegen eine Kraft und Magie, die die Menschen seit Urzeiten anziehen. Die ersten ließen sich vor Tausenden von Jahren nieder, denn das Meer und die Wälder boten ihnen ein reichhaltiges Nahrungsangebot.

Vor knapp 100 Jahren wurden dann die Highways gebaut, die die amerikanische Pazifikküste zum Sehnsuchtsziel für Millionen Reisende machten. Wilde Natur, einsame Buchten, ewiger Horizont und die allmächtige Anziehungskraft des Meeres sorgen dafür, dass ein Roadtrip auf dieser Traumstraße zu einem unvergesslichen Abenteuer wird. Das Gefährt ist sekundär. Cabrio, Wohnmobil, Harley – Hauptsache der Sound stimmt. Denn die Küste ist vor allem auch musikalisch. In den 1960er- und 70er-Jahren mischten innovative Künstler Rock und Country, schufen den perfekten West-Coast-Sound. Später kamen die Rapper und Hip-Hopper. Und in Seattle und Umgebung revolutionierten erst Jimi Hendrix das Gitarrenspiel und dann die Grunge-Rocker der 90er die weltweite Musikszene.

Für Radfahrer ist die Pacific-Coast-Route wahrscheinlich die beliebteste in ganz Amerika, zum Trainieren und für ausgedehnte Touren. Die Adventure Cycling Association, sowas wie der amerikanische ADFC, hat ihr eigene Karten und Tipps gewidmet und damit deutlich zur Popularität beigetragen. Nirgendwo sonst in den USA ist die Infrastruktur für Radler besser, und das, obwohl es kaum Radwege gibt. Man fährt auf der Straße, die oftmals nicht mal einen Seitenstreifen, dafür aber reichlich Verkehr hat. Und trotzdem sind hier fast das ganze Jahr über Tourenradler unterwegs, die Teilstrecken oder die gesamte Route fahren. Angelockt von der spektakulären Aussicht, den vielen Campgrounds, einladenden

Städtchen, Stränden und der Tierwelt. Wale, Delfine, Robben, Seeelefanten, Adler, Hirsche lassen sich oft ohne Weiteres vom Highway aus beobachten. Das spornt an, für den nächsten Anstieg. Und der kommt mit einer zermürbenden Regelmäßigkeit, die selbst eine Alpenüberquerung in den Schatten stellen könnte.

All das kannte ich. 2004 bin ich zum ersten Mal mit dem Rad an der Pazifikküste gefahren. Als Teil meiner Umrundung Amerikas bin ich von Los Angeles nach Seattle geradelt und habe dabei zwei essenzielle Fehler gemacht: Ich bin aus dem Süden nach Norden gefahren, gegen den Wind, der fast immer aus Nord, Nordwest kommt. Und ich habe die Strecke in nur drei Wochen runtergerockt, ohne einen einzigen Pausentag. Rückblickend echt bescheuert. Da bleibt nicht viel Zeit fürs Gucken und Genießen.

Das soll jetzt anders werden. Mein Truck und der Trailer parken bei Cindi, südlich von Olympia, Washingtons Hauptstadt. Ich habe sie über »Warmshowers« gefunden, sowas wie Couchsurfing für Radler. Cindi ist selbst Tourenradlerin und hat viel Platz auf ihrem Grundstück. Von dort bin ich mit dem Rad erstmal in drei Tagen durchs Hinterland von Seattle nach Norden, bis zum Peace Arch Park gefahren. Und von hier geht es nun schnurstracks immer nach Süden, von ein paar Umwegen und Serpentinen später mal abgesehen. Zur Orientierung habe ich Seiten aus einem Straßenatlas in eine durchsichtige Kartenhülle gefaltet und auf der Lenkertasche befestigt. Cindi hat mir noch einen alten Radreiseführer mitgegeben. Viele Infos sind längst überholt, aber die Tipps zu Distanzen, Ortschaften und *campgrounds* brauchbar.

Vom Friedensbogen zum New York des Westens

Dichte Wolken verhüllen den Himmel, als ich am Nachmittag endlich vom Peace Arch Park aufbreche. Wind kräuselt das Meer. In der Ferne schemenhaft die Silhouette von Vancouver Island. Die Straße folgt nur kurz der Küste, dann geht es ins Hinterland. Ich rolle durch flaches Farmland, schlage das Zelt nach Sonnenuntergang im Birch Bay State Park auf. Mein erstes *hiker biker camp*. Auch ein Grund, warum so viele Wanderer und Radfahrer die Küste lieben: Viele *state parks* haben einen Extrabereich für uns abgetrennt, wo wir deutlich günstiger zelten können und selbst an überfüllten Wochenenden oder Feiertagen garantiert einen Platz bekommen. Am nächsten Tag führt mich die Straße durch noch mehr Felder, vorbei an Farmen bis nach Bellingham. Dann

Padilla Bay und Mount Baker. Der Gletschergipfel des fast 3300 Meter hohen Vulkans thront in der Ferne über der Cascade Range.

bleibe ich erstmal an der Küste. Aus dem tiefblauen Meer ragen die San Juan Islands empor. Im Osten dominiert an klaren Tagen der schneebedeckte Bilderbuchgipfel des massigen Mount Baker den Horizont. Baker ist ein Schichtvulkan, fast 3300 Meter hoch, und Teil des Pazifischen Feuerrings, der hier an der Küste einige der aktivsten und beeindruckendsten Vulkane entstehen ließ.

Eine lange Brücke bringt mich vom Festland nach Fidalgo Island. Den gesamten Norden der kleinen Insel beansprucht Anacortes, 18 000 Einwohner. Die Stadt hätte mal das New York des Westens werden sollen, wäre es nach den Gründern gegangen, die hier im späten 19. Jahrhundert die Endstation einer Eisenbahnlinie über das Kaskadengebirge planten. Der Traum platzte und Anacortes etablierte sich stattdessen als Fischereihafen, Fischkonserven-Hersteller und Sägewerkzentrum. In den 1950er-Jahren wurden Raffinerien gebaut, zwei sind noch immer in Betrieb und bis heute der größte Wirtschaftsmotor. Außerdem pendeln von hier aus Fähren zu den San Juan Islands und nach Vancouver Island in Kanada. Tourismus spielt eine zunehmende Rolle. Die Northern-Tier-Radroute der Adventure Cycling Association verbindet Anacortes mit Bar Harbor in Maine an der Ostküste. Fast 7000 abenteuerliche Radkilometer liegen dazwischen.

Im Himmel für Vinylnerds

Manche Besucher kommen nur wegen eines einzigen Ladens nach Anacortes. Der heißt schlicht The Business und verkaufte in seinen Anfangsjahren Ende der 70er gebrauchte Bücher, buntes Glas, Vogelfutter oder entwickelte Filme aus analogen Fotokameras. Im Laufe der Zeit konzentrierte sich The Business dann zunehmend auf Musik, Schallplatten vor allen Dingen, und wurde zum Kultladen für Vinylnerds. »Wir fokussieren uns total auf neu und independent«, sagt Nick Rennis, der The Business inzwischen gemeinsam mit seiner Frau Evie führt. Verstaubte Regale voller alter, gebrauchter Platten sucht man hier aber vergebens. »Wir wollen heutigen Künstlern eine Plattform geben, die man in anderen Läden nicht sieht.« Und das geht weit über den Verkaufsraum hinaus.

Im hinteren Teil des historischen Backsteingebäudes liegt das Warenhaus. Hier stapeln sich Platten, T-Shirts, Poster und Fanartikel von Dutzenden Bands. Nick und Evie haben den Vertrieb für inzwischen mehr als 80 kleine Labels im ganzen Land übernommen und verschicken die Produkte weltweit. Allein damit bezah-

len sie mittlerweile ihre Rechnungen, denn nur mit Laufkundschaft könnte sich The Business nicht über Wasser halten. »Hier ist sonst nicht viel los. Außer der wunderschönen Natur gibt es eigentlich keinen Grund, warum man sich hierher verirren sollte«, sagt Nick. »Es sei denn, man ist auf dem Weg zur Fähre.« Super *sleepy* sei Anacortes, ein verschlafenes Nest mit schönen Wäldern, in dem vor allem Rentner leben. Und ein paar Millennials mit ausgefallenem Musikgeschmack. »Wir stehen hinter allem, was du hier findest, und haben entweder eine persönliche Beziehung zum Künstler oder zum Label.« Von den meisten Namen auf den Platten in den Regalen habe ich noch nie gehört, obwohl auch ich der Meinung bin, einen außergewöhnlichen Musikgeschmack zu haben. Offenbar einen anderen als Nick.

»Zuhause hören wir Ambient … aber auch lauten Sludge Metal oder was Folkiges oder Psych Rock aus Afrika.« Bei manchen Begriffen, muss ich echt nachfragen, weil ich nicht den blassesten Schimmer habe, wie es klingen könnte. Ich bitte um Nachhilfe.

Evie und Nick Rennis vor ihrem »Business« in Anacortes.
Wer Außergewöhnliches auf Vinyl sucht, wird hier fündig.

Von Anacortes starten die Fähren zu den
San Juan Islands und nach Vancouver Island in Kanada.

»Wir sind total begeistert vom Label Guruguru Brain. Die haben gerade eine neue Platte von Didhala rausgebracht, japanischen Spacey Psych Rock. Hat diesen *throwback sound* aber fühlt sich dabei auch sehr, sehr frisch und interessant an. Sie haben *proggy* Momente aber gleichzeitig auch *heavy sludgy* Elemente.« Ich verstehe immer noch nur Bahnhof. Zum Glück bietet mir Nick eine Kostprobe, aber nicht wie erwartet auf dem Plattenspieler, sondern vom Laptop. Streamen geht schneller als Platte aus der Hülle nehmen, auflegen, Track finden, Nadel korrekt platzieren und absenken. Was Momente später aus den Lautsprechern durch den Verkaufsraum wabert, klingt schrammelig, düster, melancholisch und ja, spacig. Gitarren und Percussion und verfremdete Vocals. Interessant bis gewöhnungsbedürftig.

Trotzdem ist es spannend, wie viel Musik es abseits des engen Mainstream zu entdecken gibt, und dass die offenbar nur durch das Medium Vinyl eine echte Chance bekommt. Mit dem Klang hat das rein gar nichts zu tun, bestätigt Nick. »Es kommen immer wieder audiophile Typen rein, die mir von ihrem Equipment erzählen. Davon hab' ich keine Ahnung, kann dir kaum sagen, ob ein Plattenspieler besser klingt als der andere. Es geht nicht um das Medium mit dem besten Sound. Aber Vinyl hilft dem Künstler in der Regel einfach am meisten.« Er meint den Verkaufspreis und den hoffentlich angemessenen Anteil, den ein Musiker davon bekommt. Denn eine ganze Platte kostet halt mehr als ein Single-Download, oder, noch schlimmer, ein Streaming. »Außerdem bringt ein Album meiner Meinung nach die Message des Künstlers besser rüber. Allein schon die größere Verpackung, die größere Cover-Art, die Beilage oder ein Poster, das ist alles interaktiver.« Und Plattenalben verlangen als Medium, dass man sich mehr damit auseinandersetzt, findet Nick. »Du kannst nicht einfach eine Platte auflegen und den Raum verlassen. Irgendwann musst du sie umdrehen, du musst also aufmerksamer sein. Und du kannst nicht von Track zu Track springen sondern hörst etwas in der Reihenfolge, in der es arrangiert worden ist.«

Manchmal kommen Kunden der Erinnerungen wegen ins Business und werden von Nick dann sanft auf den Boden der Realität zurückgeholt. »Nichts gegen Nostalgie. Aber viele Menschen bringen sich dadurch um die Chance einer völlig neue Erfahrung. Das wäre eine Schande, denn es gibt bestimmt eine ganze Menge Leute, die heute das machen, was du früher gemocht hast. Vielleicht hast du Lust, dich darauf einzulassen und bist dann genauso begeistert wie damals, als du in der Highschool die alten Platten zum ersten Mal gehört und dann mit nach Hause gebracht hast.« Um seinen Kunden den Umstieg zu erleichtern, macht Nick Empfehlungen und hat kleine Etiketten zwischen die neuen Platten sortiert, mit Namen bekannter Künstler. »Wenn du die magst, dann könnte dir auch das gefallen.«

Manchmal ist The Business auch Konzertsaal, mit einer kleinen Bühne im Schaufenster. Die Rollwagen mit den sortierten Platten werden dann einfach beiseitegeschoben, um Platz für 20 Zuhörer zu schaffen, vielleicht auch für ein paar mehr. »Wenn Künstler einen Tag Pause haben, zwischen ihren Shows in Seattle und Vancouver, fragen wir sie manchmal: ›Hey, statt in der Hotelbar abzuhängen, habt ihr nicht Lust, einen ziemlich schrägen Gig bei uns zu spielen?‹«

The Business hat sich über die Jahrzehnte einen Namen gemacht, ist Kult bei Musikjunkies und wurde von einem Magazin vor ein paar Jahren als einer der besten Plattenläden im ganzen Land bezeichnet. Ein bisschen mag das neben der Leidenschaft von Nick und Evie auch an seiner Lage in Anacortes liegen. »Wir sind am Nordende der Commercial Avenue, der einzigen Straße, wo was los ist. Weiter vorne gibt es Restaurants und Geschäfte, hier hinten wird's dann ruhiger«, sagt Nick. »Wir liegen gegenüber von Dakota Creek, der Werft, und neben der Seilfabrik. Ich mag das total, es fühlt sich echt wie Anacortes an, einzigartig. Unser Block hier hat dieses verkrustete alte Hafenviertel-Gefühl. Neben uns ist der Laden für Schiffsbedarf und Eisenwaren, ein verrücktes altes Holzgebäude. Wenn du eine Schraube brauchst oder Schnürsenkel, einen Hut oder eine Boje, das bekommst du alles da drin.«

Wir gehen nach draußen, hinters Haus, von wo man den Kanal und die Inseln im Sund sehen kann und Fischkutter und Fähren auf dem Trockendock, an denen gearbeitet wird. Regelmäßig docken auch kleine Kreuzfahrtschiffe und Ausflugsboote hier an. »Wenn du eine Pause vom Heavy Sludge Metal brauchst, kannst du hier frische Luft atmen, die Inseln anschauen. Statt auf noble Beachfront-Häuser blickst du auf Industrie, alte verrostete Metallplatten. Das hat so was Charmantes.«

Bevor ich mich verabschiede, frage ich Nick nach einem Musiktipp aus Anacortes. Er muss nicht lange überlegen. »Niemand fängt den Sound der Stadt besser ein als Phil Elverum. Er kommt von hier und hat sogar mal im ›Business‹ gearbeitet.« Das war lange bevor Nick und seine Frau übernommen haben. Phil selbst gilt in der

Deception Pass zwischen Fidalgo und Whidbey.
Nicht immer ist die Meerenge so friedlich wie an diesem Abend.

Szene als Indie-Gott, war mal mit Schauspielerin Michelle Williams verheiratet und kam nach der Scheidung wieder zurück. »Nichts ist so sehr Anacortes wie *Ocean Roar*. Es klingt so, wie kalter Regen sich anfühlt, wenn er auf dein Gesicht prasselt. Vor allem die zweite Hälfte fängt den Herbst und den langen dunklen Winter hier so gut ein.« Nick legt auf und schon nach den ersten Klängen ahne ich, was er meint und bin froh, dass es draußen gerade sonnig und warm ist.

Vom Deception Pass zur City of Dreams

Von Fidalgo radle ich weiter nach Whidbey Island. Die beiden Inseln verbindet eine spektakuläre, zweigeteilte Brücke über den Deception Pass. Wenn die Gezeiten sich hier in der Tiefe zwischen den Felswänden durchdrücken, entstehen beachtliche Wellen und wirre Strömungen, die so manchen Kapitän an die seefahrerischen Grenzen bringen. Mich fordern die ersten gewaltigen Steigungen der Tour. Kleiner Vorgeschmack auf das, was kommen wird. Mein Knie ist dick. Schon seit der Fahrt zur Grenze über die Hügel um Seattle. Schlechte Gene. Und inzwischen ist das rechte Knie so lädiert, dass nicht mal mehr Radfahren uneingeschränkt möglich ist. »Want me to fix it?«, fragt eine Lady vor einem Großbäckerei-Outlet, wo ich meinen Proviant mit Industriedonuts aufgestockt habe. Sie drückt mir ihre Karte in die Hand und erklärt, dass sie *energy work* mache. Im nächsten Moment ist sie schon am Werk und sendet mir ihre Energie, ohne dass ich so recht was davon mitbekomme. Zur Sicherheit schenkt sie mir noch ein kleines Döschen mit einer grünen Paste. Ihr Mann stelle sie her und ich solle sie auftragen. Dann klappt's garantiert mit der Wunderheilung.

Ich entscheide mich am nächsten Tag für die Fähre, um wieder zurück zum Festland zu kommen. Am Mittag bringt sie mich von Whidbey Island nach Port Townsend. Einst galt die Stadt als »City of Dreams«, Ende des 19. Jahrhunderts, als man hier den größten Pazifikhafen der Vereinigten Staaten bauen wollte. Dann crashten die Börsen und die Pläne waren schnell vom Tisch. Schön ist der Hafen trotzdem, einer von drei verbliebenen aus der viktorianischen Zeit. Und auch der historische Stadtkern von Port Townsend mit alten Ziegelbauten und kleinen Läden lockt die Besucher. Ich kaufe noch mal Proviant nach. Denn in den nächsten Tagen will ich von hier aus die Olympic Peninsula umrunden. Oder sollte ich doch erst einen Abstecher nach Seattle machen? Eine weitere Fähre könnte mich über den Puget Sound in die Downtown bringen.

Fliegende Fische in der Traumstadt am Puget Sound

Seattle ist die Metropole des Nordwestens. Knapp 800 000 Einwohner, im Großraum sind es vier Millionen. Innovativ und hip, nicht erst seit *Schlaflos in Seattle*. Microsoft, Amazon, Nintendo haben hier ihre Firmenzentralen. Die von Boeing ist zwar mittlerweile umgezogen, aber in Seattle baut man immer noch Flugzeuge und tüftelt an neuen Technologien für die Luft- und Raumfahrt. Die Stadt gilt als eine der beliebtesten und lebenswertesten Amerikas. Wegen der Lage zwischen Meer und Bergen. Und wegen der vielen Attraktionen. Eine der größten ist der Pike Place Public Market mit jährlich mehr als 15 Millionen Besuchern, viele kommen nur wegen der »fliegenden Fische«: Fünf, sechs Meter segeln die Lachse hier durch die Luft, geworfen vom Team am Stand des Fish Market. »Weil es schneller geht, als mit dem Fisch von der Auslage zur Waage zu laufen«, sagt Erik Espinoza. Er trägt Businessoutfit, orangerote Gummilatzhose mit Gummistiefeln, und arbeitet seit bald 30 Jahren beim Pike Place Fish Market, den es fast so lange gibt wie den berühmten Public Market am Pike Place selbst.

Anfang des 20. Jahrhunderts waren die Fischer und Farmer es leid, ihre Waren zu Dumpingpreisen an Zwischenhändler zu verkaufen, die dann den Großteil des Profits einsteckten. 1907 fiel offiziell der Startschuss für einen der ältesten *farmers markets* in Amerika. »Mit drei Pferdekarren ging's los, seitdem ist der Markt immer weiter gewachsen«, erzählt Erik. Mehr als 500 Geschäfte verteilen sich inzwischen auf mehreren Etagen in den historischen Gebäuden. Neben den Marktständen gibt es Bäckereien, Restaurants, Kunstläden.

Für den größten Andrang aber sorgt der *fish market*. Mehr als 70 verschiedene Fische und Meeresfrüchte sind im Angebot, die meisten wild gefangen, von wilden Seemännern und -frauen, wie sie stolz verkünden. Von Zuchtfisch halten sie hier nicht viel. Jeden Tag strömen bis zu 20 000 Menschen an den Stand, strategisch bestens gleich neben dem Haupteingang gelegen. Die meisten kommen aber nicht wegen des frischen Angebots, sondern wegen der Gaudi: Seit den 1980er-Jahren fliegen die Fische hier unter lautem Gejohle zwischen Auslage und Verkaufstresen hin und her, ein geschickter Marketing-Gag, der den Fish Market *world famous* machen sollte.

Und das ist offensichtlich gelungen. Die Touristen drängen sich mit gezückten Fotoapparaten und warten nur darauf, dass wieder Fische geworfen werden. Immer dann, wenn jemand einen kauft. Oder manchmal auch einfach nur so, um neue Kunden anzulocken. »Das macht den Pike Place Market zu einem Muss für Besucher von Seattle, genauso wie die Space Needle und Mount Rainier«, sagt Erik Espinoza.

Wobei das mit dem Rainier gar nicht so einfach ist, also ihn zu sehen. Denn der fast 4400 Meter hohe Schichtvulkan im Kaskadengebirge liegt rund 100 Kilometer entfernt. Deshalb erkennt man ihn von Seattle aus im Schnitt kaum häufiger als einmal die Woche. Meistens verhüllen Wolken die Sicht. Oder Rauch, so wie bei meinem Besuch.

Egal, folge ich eben Eriks anderer Empfehlung und schaue mir die Space Needle an, das Wahrzeichen der Stadt. Gebaut für die Weltausstellung 1962, in nur 400 Tagen. Damals das höchste Gebäude westlich des Mississippis. 184 Meter sind es bis zur Spitze.

Frisches Seafood am Pike Place Market.
Krabben, Lachse, Shrimps – alles wild gefangen.

Und in 43 Sekunden kommt man zur sich drehenden Aussichtsplattform, auf der sogar Elvis schon gesessen hat mit seiner Partnerin, in der Schmonzette mit dem ziemlich einfallslosen Titel *It happened at the World's Fair – Ob blond, ob braun …* Funfact: Als Vorlage für die Space Needle soll der Stuttgarter Fernsehturm gedient haben, von dem der Chef der Weltausstellung wohl bei einem Besuch so begeistert gewesen ist, dass er die Idee an den zuständigen Architekten weitergegeben hat. Nichts gegen die Schwabenmetropole, aber mit dem Blick auf die imposante Skyline von Downtown Seattle, den Puget Sound und die Berggipfel der Kaskaden schlägt die Space Needle den Stuttgarter Riesen selbst bei trübem Wetter.

Der beste Kaffee der Welt kommt aus Amerika!

Bevor es wieder zurück auf die Olympic Peninsula geht, müssen wir noch über Kaffee sprechen. Schließlich gilt Seattle als die Kaffeehauptstadt der Welt. Nirgendwo wird mehr getrunken, nirgendwo gibt es mehr Coffeeshops. Angeblich 35 auf 100 000 Einwohner. Die ganz großen amerikanischen Röster kommen von hier. Tully's, Seattle's Best und natürlich Starbucks, 1971 mit dem ersten Laden im Pike Place Market. Seitdem hat sich das Klischee von der dünnen amerikanischen Kaffeeplörre deutlich gewandelt. Heute werden die besten Kaffees in Amerika geröstet. *Scusa, Italia!* Aber was nützt die beste Bohne, wenn man sie falsch zubereitet? Dagegen kämpft die Seattle Barista Academy in einem Industriegebiet zwischen Innenstadt und Flughafen. Bob Burgess hat sie gegründet, vor 20 Jahren. Er gilt als einer der Kaffeepioniere und hat dafür gesorgt, dass Seattle und Kaffee heute untrennbar sind. Aber warum ausgerechnet Seattle?

»Da kamen viele glückliche Zufälle zusammen«, sagt Bob. »Die Vision und Leidenschaft von Investoren, allen voran Howard Schulz, der Starbucks zu einem Weltimperium des Kaffees gemacht hat.« Aber Seattle ist nicht nur Kaffeehauptstadt, sondern eben auch ein Zentrum für Hightech, Luft- und Raumfahrt, Computer und Software. Alles kein Zufall, findet Bob. »Die gute, überdurchschnittliche Bildung sorgt für viele kluge Köpfe in Seattle. Und wenn dann noch eine Prise Glück dazukommt, zum richtigen Zeitpunkt am richtigen Ort, dann flutscht es.« Aber zurück zum Kaffee. Den will ich jetzt probieren.

Paulo Asi ist der Geschäftspartner von Bob und Kaffeelehrer aus Leidenschaft. »Nichts ist so toll, wie für andere Leute *Latte*

Wahrzeichen vor der Skyline von Seattle.
Die Space Needle dominiert die Innenstadt am Puget Sound.

zu machen und dann noch den Schaum kunstvoll zu verzieren«, schwärmt er. »Das ist mein Zen.« Wir stehen im Showroom, umgeben von sündhaft teuren, hochglanzpolierten Espressomaschinen, deren Kaufpreis dem eines Kleinwagens sehr nahe kommt. »Das ist gleichzeitig auch unser Trainings-Lab«, sagt Paulo. »Hier haben wir noch ein paar verschiedene Mühlen. Beim Kaffee kann man so viele Fehler machen.« Trainiert werden in der Academy nicht nur Baristas, Paulo bietet auch Kurse für alle, die sich einfach für Kaffee interessieren und die Zubereitung zu Hause verbessern wollen.

Die verschiedenen Zubereitungsarten sind eine Wissenschaft für sich. Drip coffee, Pour Overs, Aero Press, French Press, Cold Brew, Cappuccino oder Espresso. Der größte Fehler? »Nicht richtig zu portionieren«, meint Paulo ohne Zögern. Ein Löffel pro Tasse ist so ziemlich das Schlimmste, was man Kaffee antun kann. »Menschen schütten nur Milch und Zucker in ihren Kaffee, weil er entweder zu schwach oder zu stark ist.« Deswegen empfiehlt Paulo eine Waage. Wie beim Backen müssen die Zutaten korrekt abgewogen werden, damit ein gleichmäßig gutes Ergebnis rauskommt. Na dann.

Wir entscheiden uns als Erstes für Espresso. Die Bohne sei natürlich auch wichtig, betont Paulo und greift zu einer braunen Tüte mit lokal gerösteten Bohnen aus Kolumbien. Das Rezept: »18 Gramm gemahlenen Kaffee brühen wir für 25 Sekunden und bekommen dann 30 Gramm flüssigen Kaffee.« Er schüttet die Bohnen erst in die Waagschale, dann die exakte Portion in die Profimühle, stellt sie auf »Espressofein« und startet den Mahlvorgang. Nach ein paar Momenten spuckt die Mühle exakt 18 sehr fein gemahlene Gramm aus, die wir dann in den Siebträger füllen und mit einem Hightech-Tamper andrücken. Der ist kalibriert und erlaubt exakt 20 Pfund Anpressdruck. Paulo klickt den Träger in seine Halterung und startet die Maschine. Kurz darauf gleiten samtig-schaumige 30 Gramm Espresso in ein Tässchen.

Bevor wir probieren, weist Paulo noch auf die korrekte Temperatur hin. In der Regel verbrüht man sich ja beim frisch gezapften Kaffee aus dem Coffeeshop mit schöner Regelmäßigkeit so sehr Lippe, Zunge und Gaumen, dass man anschließend den Rest des Tages ohnehin nichts mehr schmeckt und die fünf oder sechs Dollar für den »Venti Latte« total vergeudet sind. »Rund 60 Grad Celsius sind ein guter Anhaltspunkt, oder leicht darunter«, rät Paulo. Der Moment der Wahrheit, wir probieren. Paulo setzt die Tasse behutsam an seine Lippen, schließt die Augen und schlürft einen kleinen Schluck. Pause. Noch ein Schlückchen. »Es schmeckt fruchtig …

blumig … schokoladig … genau so, wie ich Kaffee mag!« Auch ich bin begeistert. So sehr, dass Paulo mir anschließend noch andere Kaffees serviert, als Aufguss per Hand in den Keramikfilter und einen Cappuccino mit einer Blume im Schaum. Am Ende habe ich so viel Koffein im Blut, dass ich wahrscheinlich ohne Pause bis San Diego durchradeln könnte. Blöd nur, dass nach dem Besuch bei der Seattle Barista Academy meine Instantkaffeeportionsbeutelchen zum Frühstück noch scheußlicher schmecken werden als ohnehin schon.

Perfekte Crema aus dem Siebträger. In Seattle weiß man, wie Kaffee geht.

Olympic Peninsula

Entdecker und Bigfoots im Regenwald

Der Name ist ein Versehen. Kapitän George Vancouver von der Royal Navy soll ihn 1793 auf seine Karten gekritzelt haben, im Gedenken an Admiral Hood, auch von der Royal Navy. Aber der Hood Canal ist kein Kanal, sondern ein schmaler, natürlicher Fjord, gut 100 Kilometer lang. Geschaffen vor etwa 13 000 Jahren durch den Eispanzer, der damals noch weite Teile Nordamerikas bedeckte. Wie der gesamte Puget Sound, zu dem er gehört. Seine Ufer liegen im Schnitt keine zweieinhalb Kilometer auseinander. Im Westen mündet der Hama Hama River in den Hood Canal. Und genau dort werden seit Generationen Muscheln und Austern gezüchtet.

»Ab der vierten Klasse habe ich hier in den Sommerferien immer Austern gesammelt«, sagt Adam James. Heute ist er der Manager der Familienfarm, die so heißt wie der Fluss, Hama Hama. Zwischen zwei und vier Millionen Austern pro Jahr produzieren sie hier. Angefangen hat es mit der Zucht an der Westküste, als japanisch-stämmige Amerikaner pazifische Austern aus Japan mitbrachten und ansiedelten. Die seien viel leckerer und vor allem nicht so empfindlich wie die ursprünglich hier heimischen, erklärt Adam. Daraus hat sich ein ganzer Industriezweig entwickelt.

»Mein Onkel hat uns nachts um zehn oder elf raus zum Strand geschleppt, wenn die Ebbe am stärksten war. Wir haben unsere Coleman-Lampen angezündet und so lange Austern gesammelt, bis unser Eimer voll war. Am nächsten Tag waren wir dann bei Grandma, haben ein Feuer gemacht und die Austern geröstet, noch einen Schuss Tabasco drauf … So habe ich nicht nur gelernt, wie lecker sie sind, sondern wie wichtig sie auch bei unseren Treffen als Familie waren.« Es dauerte eine Weile, bis sich Austern an der Westküste durchgesetzt haben. Vor 20 Jahren habe es in Seattle nur ein Handvoll Austernbars gegeben, heute würden sie an jeder Ecke

---

Adam James züchtet am Hama Hama River Austern.
Die Muscheln werden auch an der West Coast immer beliebter.

Frisch vom Meeresgrund – Austern zum Frühstück.
Die Babyaustern wachsen auf alten Muschelschalen in Körben.

serviert, sagt Adam. Mittlerweile werden sie am Hama Hama River nicht nur gezüchtet, sondern auch direkt verkauft. Und es gibt einen gemütlichen Essbereich mit Picknicktischen, gleich neben dem großen Haufen von Austernschalen. Der ist nicht nur Abfall, sondern auch ein Blickfang für Reisende auf dem Highway und lockt so manchen Kunden. Frischer als hier bekommt man seine Austern nirgendwo an dieser Küste.

»Sie wachsen an der Mündung des Flusses, direkt auf dem Grund«, erzählt Adam. Auch wenn sie kaum Pflege brauchen und ohne Zutun oder Füttern bis zur Ernte vor sich hin reifen, Austernzucht bleibt ein Lotteriespiel. »2019 hatten wir eine extreme Hitzewelle und auf einer unserer Farmen sind die Austern gestorben. 2017 das Gleiche. Es scheint sich was zu verändern.« Deshalb müsse man vorsorgen, gerüstet sein auch für magere Jahre. »Was wir machen, ist Landwirtschaft, Aquakultur. Wir produzieren qualitativ hochwertiges Protein, reich an Omega-Fettsäuren, ohne dass wir unsere Tiere füttern müssten.«

Rohe Austern mit Meerwasser zum Frühstück

Am nächsten Morgen nimmt mich Adam mit raus an den Strand. Es ist Ebbe, die Adler rufen aus den Baumwipfeln. Große Netze sind über den Grund gespannt, um die Muscheln vor Fressfeinden zu schützen und das Ernten später einfacher zu machen. Adam greift nach einer Auster, vier Jahre alt, sagt er. Das weiß er, weil er sie vor vier Jahren genau hier gesät hat. »Bei einer guten Auster schmeckst du zuerst mal das Salzige, dann kaust du sie ein paarmal, sofern die Konsistenz gut ist, und dann kommt das Finish.«

Mit einem kleinen Messer sticht er in die Mitte der Muschel, dahin, wo die beiden Hälften zusammengehalten werden. »Nicht zu tief, du drehst das Messer, damit das Band hier hinten reißt und du sie aufklappen kannst. Dann ziehen wir das Messer raus, entfernen den Sand und Dreck und arbeiten uns mit dem Messer unter den großen Adduktormuskel. Der ermöglicht der Auster zu schwimmen.« Adam setzt die Muschel an seine Unterlippe und schlürft das Fleisch in einem Zug. »Hm ... sehr salzig ... süßes Finish. Ganz anders als unsere einheimischen Olympia-Austern. Manche schmecken so, als ob man an einem Penny saugt. Aber die hier ... ein gutes Frühstück.«

Jetzt bin ich dran, aber ich stehe überhaupt nicht auf Muscheln, auf rohe Austern schon gar nicht. »Viele werden verunsichert von

Junger Weißkopfseeadler mit wachsamen Augen. Für die Vögel bietet der pazifische Nordwesten bestes Habitat.

Austern. Sie mögen sie, wollen aber auch, dass es schnell vorbei ist. Deshalb sind vor allem die kleinen so beliebt.« Adams Versuch, mir Mut zuzusprechen, gelingt nicht wirklich. Er öffnet eine weitere und reicht sie mir. Ich schlürfe, kaue kurz auf der weichen, gummiartigen Masse herum, verdränge den Gedanken, dass sie ja wahrscheinlich noch lebt oder zumindest ihr mächtiger Adduktormuskel jederzeit zucken könnte, und schlucke runter. »Good breakfast!«, sage ich wenig überzeugend und weiß, dass meine nächste Auster, wenn überhaupt, kross frittiert und mit jeder Menge Käse überbacken sein muss.

»Unser Ziel ist, dass mehr Menschen Austern essen, egal ob es Hama Hama sind oder andere. Wir glauben einfach an diese Industrie. Und wenn Menschen sich um Austern kümmern, kümmern sie sich auch um die Wasserqualität. Davon profitieren wir alle«, sagt Adam. Die Meerestiere sind nicht nur eine Delikatesse, sie sind auch gut für die Umwelt. »Eine einzige Auster filtert mehr als 200 Liter Wasser pro Tag.« Gut das Zehnfache einer bei uns heimischen Miesmuschel. Und dabei entziehen Austern dem Wasser Nährstoffe, die sonst zu einem übermäßigen Algenwachstum führen und das ökologische Gleichgewicht stören würden. Dass sie hier so gut gedeihen, liege auch an den warmen Temperaturen des flachen Mündungsdeltas, erklärt Adam, optimal für die Larven. Die wachsen übrigens auf den Schalen ihrer Vorfahren, geschützt in Metallkäfigen, bis sie groß genug sind und umgesiedelt werden. Dann verteilen Mitarbeiter die Muscheln mit Rechen auf dem Meeresboden oder setzen sie in große Beutel, an denen kleine Bojen befestigt sind. Die Beutel schwingen mit den Gezeiten. Dabei werden die Austern ordentlich durchgeschüttelt. So entwickeln sie eine festere Schale und mehr Fleisch. Es ist ein Tanz mit den Gezeiten, ein feiner Grat zwischen zu wenig und zu viel Stress, der die Tiere optimal gedeihen lässt. »Es ist wie mit allem, die Dosierung muss stimmen, die richtige Menge an Stress«, sagt Adam.

Leben zwischen Dauerregen und Inselkoller

»It sucks!«, scherzt Adam, als ich ihn frage, wie das Leben auf der Halbinsel Olympic so ist. »Niemand sollte hierherziehen.« Der große Boom hat zum Glück noch nicht eingesetzt, obwohl Seattle und sein Einzugsgebiet nicht weit weg sind. Vielleicht spielt der Regen eine Rolle. »Wir bekommen zweieinhalb Meter Niederschlag jedes Jahr, in Seattle ist es nicht mal ein Drittel. Es ist nass hier und manche leiden unter saisonaler Depression. Aber es gibt eben auch die Wochen im Sommer, wenn es ewig lang hell ist. Dafür hast du im Winter dann 16 Stunden Dunkelheit. Das macht den Menschen zu schaffen, genauso wie der graue Schleier, der dann über allem liegt. Aber mit dem Klimawandel ist es zumindest in der Hinsicht besser geworden.« Trotzdem bleibt bei vielen das Gefühl, sie seien *peninsulated*, sagt Adam, nicht so schlimm wie auf einer Insel, aber eben doch irgendwie isoliert. Und es gibt halt nur eine Straße. Wenn die dicht ist, wegen Überflutung oder durch einen Erdrutsch, bleibt nur noch das Boot, um weiterzukommen.

Im Moment ist die Straße zum Glück frei und ich folge ihr jetzt nach Nordwesten. Bald wechsle ich auf den Discovery Trail, eine 200 Kilometer lange Route, die die Olympic Peninsula im Norden durchquert. Mal ist sie ein befestigter Pfad durch den Wald, mal ein geteerter Radweg, mal der Seitenstreifen des Highway 101. Dichte Vegetation schützt vor der Sonne, wenn sie denn scheint, aber es fehlt der Horizont, der einem das Gefühl fürs Vorankommen suggeriert. Also entscheide ich mich nach einer Weile doch wieder für den Highway. Es geht rauf und runter, vorbei an kristallklaren Seen, die, eingefasst von massigen Bäumen, wie Saphire spiegelglatt in der grandiosen Wildnis liegen. So ein bisschen fühlt es sich an wie in Alaska.

Olympic National Park, das grüne Paradies

Fast 10 000 Quadratkilometer groß ist die Halbinsel, eine Landzunge mit einem von zwei Nationalparks auf meiner Reise, dem Olympic National Park. Seit 1981 UNESCO-Weltnaturerbe. Wilde Küste und verwunschene Regenwälder, einsame Buchten und sturmumtoste Felsklippen, fast sowas wie die Essenz der Pazifikküste. Und der Highway 101 wird mich einmal um die Halbinsel herumführen. Viel mehr Straßen gibt es auch nicht. Die meisten anderen sind Sackgassen, wie die nach La Push und zum beliebten Rialto Beach im Nordwesten der Halbinsel.

Die Olympic Peninsula wirkt wie ein grüner Dschungel aus Nadelbäumen, durch den eine einzige Schneise zieht. Der Mensch spielt nur eine Nebenrolle. Und wo er versucht hat, die Regie zu übernehmen, ging's meistens katastrophal schief, wie beim Elwha River, der im Norden der Halbinsel bei Port Angeles ins Meer mündet. Der Elwha ist zwar nur 70 Kilometer lang, die Wanderung der Lachse und Forellen machte ihn aber zu einem der

Verschnaufpause am Seeufer. Der Highway 101
führt einmal um die Olympic Peninsula.

bedeutendsten Flüsse im Nordwesten. Bis man Anfang des 20. Jahrhunderts auf die glorreiche Idee kam, ihn aufzustauen und Strom zu generieren. Kaum waren die Dämme fertig, ging's abwärts mit den Fischzahlen. Denn die Lachse und Forellen gelangten jetzt nicht mehr in ihre Laichgebiete. Außerdem wurden Sedimente zurückgehalten, die für die Stabilisierung der Küste wichtig gewesen wären. Obwohl man das relativ schnell erkannte, dauerte es bis 2012 beziehungsweise 2014, ehe man beide Dämme sprengte und das Elwhatal renaturierte. Seinerzeit das größte Restaurierungsprojekt dieser Art in der Geschichte. Vorausgegangen war eine jahrzehntelange Schlacht zwischen Ureinwohnern und Naturschützern auf der einen Seite und uneinsichtigen Politikern und Wirtschaftsvertretern auf der anderen. Klassisch verbockt – und hoffentlich gerade noch rechtzeitig das Ruder rumgerissen.

Vampire und Strandgut am Pazifik

Am nächsten Tag erreiche ich Forks. Für Vampirfans der Nabel der Welt, denn in dem kleinen Holzfällerstädtchen spielt die *Twilight*-Saga. Deswegen gibt es hier auch eine Ausstellung mit Film-Devotionalien und jedes Jahr im September ein Festival, bei dem die meist weiblichen Fans sogar einige Darsteller treffen können.

Am Ortseingang, direkt neben dem Highway, liegt ein ganz anderes außergewöhnliches Museum. John Anderson hat es eröffnet, in seiner alten Werkstatt. »Da gibt's 'ne Menge zu sehen. Hat fast ein Jahr gedauert, bis es fertig war.« Skulpturen und Türme aus angeschwemmten Bojen verteilen sich auf Johns Grundstück, schon von Weitem gut sichtbar platziert. Früher war John Klempner, vor der Rente. Jetzt hat er sein Hobby zur Berufung gemacht: *beachcombing.* »Man durchkämmt quasi den Strand und nimmt mit, was man findet«, erklärt er mir bei meinem Besuch. John macht das seit bald 50 Jahren und hat in der Zeit ordentlich gesammelt. Flaschen, Walknochen, Flugzeugteile, Bälle, Puppen, eine Ankerkette aus dem – wie Experten schätzten – 15. oder 16. Jahrhundert und jede Menge weitere Bojen, auch wertvolle aus türkisblauem Glas, die das Meer aus Japan herübergespült hat.

»Die Glasbojen sind der heilige Gral beim *beachcombing*. Die Japaner haben sie vor 100 Jahren zum Fischen benutzt und an ihren Netzen befestigt«, erzählt John. Dann kam Plastik und die alten Glasbojen wurden ausgemustert. Heute sind sie kleine Schätze und bringen je nach Größe und Zustand mehrere Hundert Dollar auf

dem Sammlermarkt. Überhaupt kommen auffällig viele Museumsstücke aus Japan. »Die ganze Ecke da ist voll mit Sachen vom Tsunami 2011. Manches konnten wir sogar zuordnen, weil Namen draufstanden.« Und einiges haben John und andere Sammler später wieder zurück nach Japan gebracht. Darüber gibt es sogar eine Doku, die die bewegenden Reaktionen der Besitzer eingefangen hat, wenn sie ihr Eigentum wiederbekamen.

John geht es vor allem um die Geschichten hinter den Gegenständen, darum, sich mit anderen auszutauschen und seinen Besuchern davon zu erzählen. Im Schnitt kommen monatlich rund 500 im Sommer. Im Winter macht er sein Haus zu, reist mit seiner Frau und sammelt weiter. »Das Museum liegt 17 Meilen vom Meer entfernt. Mindestens einmal die Woche fahre ich raus, zu unterschiedlichen Zeiten. Über Trails und Holzfällerpfade komme ich zu einsamen Stränden, wo sonst niemand unterwegs ist.«

Er sammelt nicht nur an der Küste von Washington, sondern auch im Urlaub, auf Hawaii, in Texas oder Florida. Wie viele Stücke

Der Strandgutsammler von Forks.
John zeigt in seinem Museum Tausende von Fundstücken.

die Sammlung in und um John's Beachcombing Museum mittlerweile umfasst, weiß er nicht. Und die zurückgelegten Meilen am Strand? Er rechnet nicht in Distanzen, sondern in reparierten oder ausgetauschten Körperteilen. Rücken, Knie und Knöchel. Ein teures Hobby, besonders in Amerika, wo das mit der Krankenversicherung für viele ja so eine Sache ist.

Bei den Besuchern besonders beliebt ist die Flaschenpost im Museum. Es gibt auch eine aus Deutschland, oder zumindest von einem deutschen Schiff: Am 16. Februar 1978 steckte Thomas Hinz aus Hannover eine Nachricht vom »Alster Express« der Hapag Lloyd in eine leere Flasche und warf sie anschließend in den Nordpazifik. Mit der Bitte um Antwort. Die hat John auch geschrieben und abgeschickt, Jahrzehnte später, nachdem er die Flasche tatsächlich am Strand gefunden hatte. Aber es kam nie eine Rückantwort. Vermutlich war Thomas inzwischen verzogen.

Aus den vielen Fundstücken sind im Laufe der Jahre nicht nur Skulpturen draußen, sondern auch im Museum entstanden, ein Seestern aus Plastikflaschen zum Beispiel, die John in ein Netz genäht hat. Später auf meiner Reise werde ich in Long Beach, ganz im Süden von Washington und am Ende der Olympic Peninsula, Susan Spence treffen. Sie geht noch einen Schritt weiter und erschafft aus alten Seilen der Krabbenfischer Vasen und Schüsseln, die sie verkauft. Bis zu 2000 Dollar bekommt sie dafür. Upcycling im besten Sinne. Und dass aus Müll im Meer sogar spektakuläre, aufrüttelnde Kunst werden kann, werde ich noch in Oregon erfahren.

Kahlschlag im Regenwald

Es ist weit nach Mittag, als ich John und Forks verlasse. Die Upper Hoh Road zweigt bald vom Highway 101 ab und führt in den Hoh Rainforest, eines der letzten Gebiete mit gemäßigtem Regenwald in Nordamerika. Einst erstreckte er sich von Alaska bis nach Kalifornien, bis die Bäume für die Forstindustrie abgeholzt wurden. Hoh aber ist als Teil des Olympic National Park geschützt, eine verwunschene Märchenwelt aus 100 Meter hohen Sitkafichten, Hemlocktannen und Rotzedern, deren Stämme und Äste von zotteligem Moos umhüllt sind. Mehr als dreinhalb Meter Niederschlag im Jahr schaffen hier ein einzigartiges Ökosystem, Lebensraum für Schwarzbären, Pumas, Luchse, Laubfrösche und riesige Farne.

Am Nachmittag schmiegt sich der Highway 101 endlich wieder an die Küste, zumindest für ein paar Kilometer, ehe es zurück ins

Landesinnere geht, durch das Reservat der Quinault. Neben dem Casino ist die Holzindustrie die wichtigste Einnahmequelle für die Stämme in Washington und auf der Olympic Pensinsula. *Logging*, Holzfällen, ist überhaupt ein großes Ding an der Pazifikküste. Bis runter nach Kalifornien werde ich mir den Highway auch mit mehr oder minder rücksichtsvollen Truckern hinterm Steuer von voll beladenen Holztransportern teilen. Allein in Washington hängen mehr als 40 000 Jobs direkt von der Holzindustrie ab. Zuletzt machte sie einen jährlichen Umsatz von über 36 Milliarden Dollar, vor allem mit Fichten. Verständlich, dass die Trucker sich als *kings of the road* sehen und Radfahrer eher den Kürzeren ziehen, wie ich mehrfach bei meiner Umrundung der Peninsula auf dem Highway 101 feststelle. Die meisten Fahrer rasen im Affenzahn und mit nur wenig Abstand an mir vorbei, auch als klare Botschaft, wessen Revier das hier ist.

Flaschenpost aus Deutschland.
Thomas aus Hannover hat sie einst in den Pazifik geworfen.

Mit dem Rad durch den Regenwald.
Der Hoh Rainforest wirkt verwunschen und mystisch.

World's Largest Spruce Tree

Am Abend verlasse ich die Straße, schlage mich durchs Unterholz zu einer Kreuzung von Waldwegen. Schilder am Straßenrand weisen das Land als Privatbesitz aus. Es gehört einem *big player* im Holzgeschäft. Der Lärm des nahe gelegenen Sägewerks dröhnt herüber. Aber es ist schon spät, Regen hat eingesetzt, und so hoffe ich, dass ich nicht mitten in der Nacht von Security geweckt oder, noch schlimmer, von einem Bagger überrollt werde.

Ingwerkekse, Dauerregen und Bigfoot

»Ich bin gebildet«, sagt Debra, »habe sogar einen Abschluss in Biologie.« Wir sitzen auf einer Bank vor der Tankstelle, wo ich sie gerade kennengelernt habe. Sie hat mir ein paar Snacks verkauft, süß und fettig. Jetzt zündet sich Debra eine Zigarette an, in Reichweite der Zapfsäulen. »Hier ist meine COVID-Story«, setzt sie ihre Geschichte fort: »Vier Leute arbeiten hier, inklusive dem Besitzer. Und er hat sich als Einziger impfen lassen.« Sie nimmt einen tiefen Zug von der Zigarette, genießt die dramaturgische Pause, breitet ihre Arme aus wie eine Dirigentin und setzt an zur Pointe, die ich schon längst kenne. »Als die Maskenpflicht gefallen ist, war er der Erste, der keine mehr getragen hat.« Noch eine dramaturgische Pause, gerade lang genug, um mich zu fragen, ob ich vielleicht doch falsch liege. Tue ich nicht. »Und er ist der Einzige, der es bekommen hat!« – »Irgendwelche Symptome?«, frage ich, falls ich Argumente für die gleich anschließende Diskussion brauche. »Yeah, er war ein bisschen verschnupft.«

Da sitzen wir also, drei Harley-Biker und ich, alle bis auf die Haut durchnässt und auf der Suche nach Schutz vor dem unnachgiebigen Regen, der seit Stunden aus dem schweren, grauen Himmel nieselt. Der einzig Trockene in unserer Runde ist John, der örtliche Poet, wie Debra ihn vorgestellt hat. Sie muss wieder hinter die Kasse und lässt uns verdutzt zurück, allein und unsicher, was die Moral ihrer Geschichte ist. Nicht impfen? Masken wirken besser als Vakzine? Ich nehme einen Schluck lauwarmen Kaffee, den Debra mir auch vor ein paar Minuten verkauft hat, zusammen mit einem eingeschweißten Muffin und einem Croissant aus irgendeiner Industriebäckerei weit weg von hier, vollgestopft mit

---

Die weltgrößte Fichte auf der Olympic Peninsula. Fast 60 Meter hoch, 18 Meter Umfang, 1000 Jahre alt – geschätzt.

billigen Kalorien, die dem Körper wahrscheinlich auf Dauer mehr schaden als jedes Vakzin.

Poet John schenkt mir noch einen Ingwer-Cookie vom lokalen *farmers market*, mit dem Hinweis, der sei selbst gebacken von einer Dame im Ort. »Sie macht sie ganz frisch. Ich kann sie wegen meiner Diabetes zwar nicht essen. Aber kaufen kann ich sie und dann verschenken.« Ein kleiner runder Aufkleber verrät den Preis, zwei Dollar. Sehr fair für den tellergroßen, dunkelbraunen Keks, den ich sofort probiere. Ich breche eine Ecke ab und tunke sie in meinen Kaffee. Köstlich. »Ich schreibe Gedichte und Bücher«, unterbricht John den genussvollen Moment. Er steht auf, geht ums Haus zu seinem Wagen und kehrt mit einem weiteren Cookie und zwei kleinen Schriftröllchen zurück, die von einem blauen und einem grünen Bändchen zusammengehalten werden. »Das sind Beispiele für meine Gedichte, eines über Gangster und eines über Bigfoot«, sagt er und überreicht mir den zweiten Keks und die Röllchen. »Für gleich oder später.« Der Dichter nimmt seinen Kaffeebecher von der Bank, auf der ich noch immer sitze, und geht. Zurück bleiben die Biker, ich und der gnadenlose Regen. Wir schließen die Regenkleidung, setzen die Helme auf, wünschen uns eine gute Reise und rollen zurück auf die nasse Straße durch den Regenwald. Mit wachen Augen für fiese Holztrucker, die uns von ihrer Straße drängen wollen. Und für Bigfoot, der uns bestimmt irgendwo hinter einem Baum mit einem Cookie in der Hand zuwinkt.

Lachse – vom Wahrzeichen zur bedrohten Art

Die Straße zwingt mich immer wieder aus dem Sattel. Die Olympic Peninsula ist ganz schön hügelig, zumindest am Rand. In der Mitte wird sie sogar alpin. Und über allem thront der 2430 Meter hohe Mount Olympus mit seinen schneebedeckten Flanken und Gletschern.

Nach drei Tagen endet mein Abstecher und der Highway 101 bringt mich zurück an die Küste, nach Ilwaco, ganz im Süden der Long Beach Peninsula. »Wir sind das Mekka der Sportfischer in Washington«, sagt Larry Philips. Er fischt nicht nur selbst leidenschaftlich gerne, sondern arbeitet als Fischbiologe für das Washington State Department of Fish and Wildlife. Wir sitzen auf seinem kleinen Boot im Hafen von Ilwaco am Columbia River. Larry ist als »Regional Director« unter anderem für die Überwachung der Lachswanderung zuständig. »Lachse sind ein Wahrzeichen im

Nordwesten. Der Columbia River war einst Schauplatz der größten Lachswanderung der Welt. Wir hatten riesige Fische, bis zu 100 Pfund schwer.« Das ist lange her. Seit Jahren schrumpfen die Zahlen der Lachse, aus verschiedenen Gründen.

»Wasserkraft hat offensichtlich einen großen Einfluss«, meint Larry. »Weil der Wasserfluss verlangsamt und der Lebensraum der Lachse verändert wird.« Früher seien die Lachse innerhalb von Tagen vom Meer bis in die Laichgebiete geschwommen, jetzt brauchen sie wegen der Dämme Wochen oder gar Monate. Um die schwindenden Zahlen zu kompensieren, werden die Lachse inzwischen gezüchtet, in staatlichen Fischzuchtbetrieben, und später ausgesetzt. So können die Sportfischer auch weiterhin Lachse fangen und die wilden Bestände werden geschont. In der Theorie ein plausibler Ansatz, in der Praxis aber eine echte Herausforderung. Denn eine strikte Trennung beider Arten ist kaum möglich, mit riskanten Folgen für den Genpool der wilden Lachse. »Schauen wir auf die Fitness der Fische, also ihre Fähigkeit, Nachwuchs zu produzieren. Wenn Wildlachse und Zuchtlachse sich paaren, sind die Nachkömmlinge weniger fit und es wird unwahrscheinlicher, dass sie später erfolgreich ablaichen.« Die Forschung läuft, sagt Larry, man lerne ständig dazu und vermeide hoffentlich die Fehler der Vergangenheit. Er bleibt zuversichtlich.

Bei den Silberlachsen sind die Zahlen immerhin einigermaßen stabil geblieben. Der dramatische Rückgang der letzten Jahre betrifft vor allem die Königslachse und verwandten Lachsforellen. Die Erwärmung des Meerwassers scheint dabei eine entscheidende Rolle zu spielen. Höchste Zeit für schwierige Entscheidungen. »Unsere Wirtschaft ist vom Konsum getrieben, der erfordert, dass immer neu gebaut wird. Das müssen wir einschränken, um die Auen zu schützen. Wir werden vieles zurückschrauben müssen. Aber ich bin optimistisch, dass die Menschheit das Richtige tun will.« Wollen und tatsächlich tun – die alte Rivalität. Wenn dem einen das andere folgt, haben die Lachse vielleicht tatsächlich noch eine Chance. Viel Zeit scheint allerdings nicht mehr zu bleiben.

Lewis & Clark am Kap der Enttäuschung

Zum ersten Mal begegnet bin ich Amerikas Volkshelden 2004, bei meiner Umrundung der USA mit dem Rad. Irgendwann war der Highway durch die Rocky Mountains von Idaho und Montana als Lewis & Clark Trail ausgewiesen und ich musste erst mal

Ruby Beach im Olympic National Park. Der Strand zählt zu den meistbesuchten auf der Halbinsel.

recherchieren. Was ich herausfand, faszinierte mich nicht nur, weil ich in einem besonderen Jubiläumsjahr geradelt bin – 2004 jährte sich der Beginn der legendären Expedition nämlich zum 200. Mal. Aber von vorne.

Präsident Thomas Jefferson hatte damals gerade das riesige Louisiana-Territorium von Napoleon gekauft. Der brauchte Geld für seine Kriege in Europa und verscherbelte die gut 200 Millionen Hektar Land für schlappe 15 Millionen Dollar. Für Jefferson ein Schnäppchen, zumal sich damit die Größe der noch jungen Vereinigten Staaten mehr als verdoppelte. Das Problem: Kaum einer kannte das Land. Der Präsident hatte die Katze im Sack gekauft. Also schickte er die beiden Soldaten und Freunde Meriwether Lewis und William Clark los, um das gigantische Gebiet zu erkunden. Sie suchten sich rund 30 Freiwillige und zogen im Mai 1804 von St. Louis mit Booten auf dem Missouri River stromaufwärts nach Westen bis zu den Rocky Mountains, die sie mit Pferden überquerten, und gelangten dann auf dem Columbia River bis zum Pazifik.

Am Cape Disappointment, südlich vom heutigen Ilwaco, gingen sie an Land und hofften auf ein Schiff, mit dem sie zurücksegeln konnten. Das kam aber nicht. Ganz schön enttäuschend. Deshalb heißt das Kap hier aber nicht so. Die Enttäuschung hatte ein Pelzhändler schon 16 Jahre zuvor erlebt: Er war auf der Suche nach einer Handelsroute und hielt die Mündung des mächtigen Columbia River für eine Bucht, also eine Sackgasse. *What a disappointment!*

Zurück zu Lewis und Clark. Weil kein Schiff in Sicht war, überwinterte das Team ein paar Kilometer entfernt von hier, in Oregon. Dort bauten sie ein Fort. Im Frühjahr darauf machten sie sich auf den langen Heimweg und kehrten nach insgesamt zweieinhalb Jahren 1806 wieder zurück nach St. Louis, wo sie als Volkshelden gefeiert wurden. Die abenteuerliche Expedition ging in die Geschichte ein und hat überall Spuren hinterlassen.

»Ich bin trotzdem kein Fan«, sagt Aaron Webster. Er ist Park Ranger am Cape Disappointment Lewis and Clark Interpretive Center, wo ich ihn treffe. Wir stehen auf einer steilen Klippe, 50 Meter über dem Wasser, da, wo der Columbia River in den Pazifik mündet. Links der alte Leuchtturm, 1856 errichtet, im Süden, auf der anderen Seite vom Fluss, liegen Oregon und seine Küstenberge. Weißkopfseeadler gleiten majestätisch durch die Luft. »Mein erstes Mal am Cape Disappointment war auch für mich auf dem Rad«, erzählt Aaron. »Anfang April, es hat jeden Tag geschüttet. Einer der kältesten Biketrips mit dem wenigsten Spaß, den ich je hatte.«

Trotzdem hat Aaron damals hier gezeltet, auf dem *hiker biker site* an der Stelle, wo Lewis und Clark an Land gingen. Waikiki Beach heißt der Strand heute. Wer auch immer den Namen vergeben hat, muss ein Zyniker oder Wunschträumer gewesen sein.

»Ja, die Erkenntnisse der Expedition sind unter wissenschaftlichen und kartografischen Gesichtspunkten bemerkenswert«, sagt Aaron über Lewis und Clark, »aber sie wurden auf dem Rücken der Ureinwohner gewonnen.« Die seien im Gefolge mehr und mehr zurückgedrängt worden. Eine humanitäre Katastrophe. Trotzdem sei der Ort hier einzigartig. »Nirgendwo sonst mündet in Nordamerika ein so mächtiger Strom in den Pazifik.« Ziemlich genau 2000 Kilometer lang ist der Columbia River, der elftlängste des Kontinents. Aber seine Bedeutung für die Erschließung des Landes, die Geschichte und die Tierwelt geht weit über die nackten Zahlen hinaus. Was der Mississippi fürs *heartland*, ist der Columbia für den Nordwesten Amerikas: Lebensader, Ökosystem, Stromerzeuger und Transportweg.

Damit vor allem Letzteres so bleibt, wird regelmäßig gebaggert. In der Nähe der Mole vor unserer Klippe saugt ein Schiff den Sand vom Grund, um das Flussbett ausreichend tief und die Mündung offen für Frachter und Tanker zu halten, die den Columbia stromaufwärts bis nach Portland ziehen. »Der Sand wird dann in den Ozean geschüttet«, erklärt Aaron. Gezeiten und Strömung lagern die Sedimente seit Urzeiten als schmale Landzunge vor der Küste von Washington an. »Im Grunde ist die gesamte Long Beach Peninsula hier das Delta des Columbia River. Die Strömung spült den Sand nach Norden.«

Der Sog macht die Mündung des Columbia auch gefährlich für die Schifffahrt. Bei Flut fließt das Wasser manchmal mehr als 20 Kilometer landeinwärts. »Dazu kommen Strömungen vor dem Strand, die nordwärts und nach Süden fließen können«, sagt Aaron. Wenn Strömungen aus vier Richtungen aufeinandertreffen, entstehen irrsinnige Turbulenzen, eine echte Herausforderung, vor allem für kleine Boote. Und dann die Dimensionen: Bis zu zehn Kilometer breit ist die Mündung des Columbia River. Eine ewig lange Brücke quert sie, ohne Seitenstreifen. Trotzdem wage ich es am nächsten Tag. Denn nur so komme ich von Washington in den zweiten Staat meiner Reise, nach Oregon.

Das North Head Lighthouse im Cape Disappointment State Park.
Auf meiner Reise werde ich Dutzende Leuchttürme fotografieren.

Northern Oregon

Superfood im Radlerparadies

»You'll begin a magnificent ride down the coast.« So verlockend formuliert die Adventure Cycling Association den Ritt entlang der Küste von Oregon. Die Route schmiegt sich eng ans Wasser, führt über Landzungen, durch Kiefernhaine zu kleinen *state parks*, die zum Hiken einladen. Die Strände sind sandig und weitläufig. Kleine Städtchen bieten die Gelegenheit zum Verschnaufen, bei Pizza, Eiscreme oder Cappuccino im örtlichen Coffeeshop.

Die Astoria-Megler Bridge bringt mich in dieses Radlerparadies. Sie verbindet die kleine Ortschaft Megler, Washington, mit Astoria, Oregon, und ist die längste Fachwerkbrücke in Nordamerika. Eine monumentale Stahlkonstruktion, genau 6,55 Kilometer lang. Rund 170 Stelzen und Pfeiler tragen und halten sie, an der höchsten Stelle 60 Meter über dem Wasser des Columbia River. Bis zu ihrer Eröffnung 1966 verband eine Fähre Washington mit Oregon. Anfangs musste man als Autofahrer Maut zahlen, um die Baukosten wieder reinzuholen. Die lagen damals bei geschätzten 24 Millionen Dollar. Seit 1993 heißt es: freie Fahrt für Autos, Trucks, Motorräder und Radfahrer. Einmal im Jahr wird die Brücke gesperrt und ist dann nur für Fußgänger offen, die zuerst mit Bussen nach Washington gekarrt werden und anschließend zurück nach Oregon laufen.

Ich bleibe rechts von der durchgezogenen Linie der Fahrbahn, lasse die Autos passieren und halte jedes Mal den Atem an, wenn sie viel zu nah an mir vorbeirasen und der Fahrtwind mich Richtung Brüstung drückt. Platt gefahrene Kormorane auf dem Asphalt sind Warnung genug, voll konzentriert zu bleiben, und ich atme erleichtert durch, als ich es nach gut 20 endlosen Minuten geschafft habe. Ich bin in Oregon.

Genau da, wo John Jacob Astor von der American Fur Company am Ufer des Columbia River 1811 ein Fort errichten ließ, das nach

---

Ein stetes Auf und Ab.
Oregons Küste fordert mit unzähligen Steigungen.

ihm benannt wurde. Fort Astoria war damals die erste amerikanische Siedlung westlich der Rocky Mountains. Geboren wurde John Jacob eigentlich als Johann Jakob in Walldorf im Rhein-Neckar-Kreis. Die Deutschen zog es also schon früh im 19. Jahrhundert an die West Coast, allerdings nicht so sehr aus Sehnsucht, sondern wegen wirtschaftlicher Interessen. Zum 200. Geburtstag von Astor wurde passenderweise die Städtefreundschaft zwischen Astoria auf der einen und Walldorf auf der anderen Seite des Ozeans offiziell besiegelt.

Astoria hat einiges zu bieten. Ein paar Kilometer südlich von der historischen Downtown liegt heute der Nachbau von Fort Clatsop, in dem die Lewis-&-Clark-Expedition den Winter 1805/06 verbrachte. Auf einem Hügel über der Stadt steht die Astoria Column, ein fast 40 Meter hoher Aussichtsturm, den Vincent Astor, der Urenkel von Johann Jakob, 1926 errichten ließ, in Anlehnung an die Trajanssäule in Rom. Statt mit aufwendigen Reliefarbeiten wie beim Original ist die Säule hier mit Gemälden historischer Motive verziert und auch ganz schön beeindruckend. Für *long-distance-biker* ist Astoria Anfangs- oder Endpunkt des Trans-America Bicycle Trail, der ersten Radroute quer durchs Land bis nach Yorktown, Virginia. 6840 epische Kilometer lang. Bei dem Gedanken daran juckt es mich schon wieder.

Aber verweilen wir noch einen Moment in Astoria und bei seiner Rolle in der Kultur. Clark Gable, der King of Hollywood, soll seine Karriere hier am Theater begonnen haben. Kino-Nerds kennen Astoria vor allem wegen des 1985er-Kultfilms *Die Goonies* von Steven Spielberg und Richard Donner, der hier spielt und gedreht wurde: Eine Gruppe Jugendlicher findet eine alte Schatzkarte und macht sich auf die Suche, gejagt von einer kriminellen Familienbande, die den Schatz für sich beansprucht. In einer der Hauptrollen ein sehr junger Josh Brolin. Die Küste von Oregons Norden war dabei mehr als nur Kulisse.

Der berühmteste Käse in Amerika

Ich verlasse Astoria auf dem Highway 101 Richtung Süden. Neben der Straße immer wieder Haufen von Austernschalen, denn die Muscheln werden auch in Oregon gezüchtet. Und zahlreiche kahl geschlagene Hügel bezeugen die Rolle der Holzindustrie für die Wirtschaft. Es geht durch Fischerdörfer, vorbei an Buchten, Sunden und Flussdeltas zu einem der 100 schönsten Orte

der Welt. So hat *National Geographic* Cannon Beach mal vor Jahren gelistet. Haystack Rock ist sowas wie das Wahrzeichen von Cannon Beach, ein 70 Meter hoher Felsklotz im Meer, zu dem man bei Ebbe vom Strand aus laufen kann. Das kleine Städtchen verdankt seinen Namen einer Kanone, die hier im 19. Jahrhundert angeschwemmt wurde, von einem gesunkenen Kriegsschiff der US-Navy. Die Küste im Nordwesten gilt als »Graveyard of the Pacific«, mehr als 2000 Schiffe sollen den gefährlichen Gewässern zum Opfer gefallen sein.

Vor Tillamook wird es flach, dann verlässt der Highway die Küste für eine Weile und führt mich mitten durch den Ort. Tillamook ist in ganz Amerika bekannt wegen des Käses und der Molkereiprodukte, die hier hergestellt werden und genauso heißen wie der Ort, der wiederum nach den Tillamook-Ureinwohnern benannt ist. Auf eine Tour durch die Käserei verzichte ich, kaufe stattdessen Proviant nach und rolle weiter nach Süden.

Am nächsten Morgen endlich Sonne. Was für ein Unterschied! Ich kann die Ausrüstung trocknen und schwinge mich am Mittag

Geisterschiff am Strand. Die »Peter Iredale« wurde 1906 Opfer der tückischen Gewässer vor der Küste.

Cannon Beach gilt als einer der schönsten Orte an der Küste.
Zu manchen Felsen im Meer kann man bei Ebbe laufen.

gut gelaunt wieder auf den Sattel. Die Steigungen fühlen sich heute gar nicht mehr so schlimm an. Ich stoppe an Aussichtspunkten mit atemberaubenden Ausblicken, zücke die Kamera. Hinter praktisch jeder Kurve wartet in Oregon ein Leuchtturm als Fotomotiv. Es gibt Dutzende, viele historisch, viele noch immer in Betrieb. Das Yaquina Head Lighthouse bei Newport ist das höchste in Oregon. 28 Meter, 1893 eröffnet, seit 1960 automatisiert. Es thront auf einer Landzunge, die als Yaquina Head Outstanding Natural Area geschützt ist. Wo früher Basalt abgebaut wurde, liegt heute ein Besucherzentrum mit verschiedenen Ausstellungen, man bekommt Infos zu geführten Leuchtturm-Touren und erfährt, wann der beste Zeitpunkt ist, um zu den *tidepools* abzusteigen. Bei Ebbe kann man dort zwischen den Felsen bunte Seesterne, Seeigel und andere Tiere im flachen Wasser beobachten.

Der Kampf um die Rückkehr der Seeotter

»Von hier aus hat man auch den besten Blick auf eine der spektakulärsten Landschaften an der gesamten Küste«, sagt Bob Bailey. Bob muss es wissen. Er ist an der Küste aufgewachsen, hat beruflich jahrzehntelang dort gearbeitet und dafür gesorgt, dass staatliche

Vorgaben eingehalten wurden. Heute ist Bob der Präsident der Elakha Alliance. »Elakha ist in der Sprache der Chinook das Wort für Seeotter. Wir sind eine Non-Profit-Organisation, die daran arbeitet, die Seeotter zurück nach Oregon zu bringen«, erzählt er.

Im Grunde begann das Drama um die Seeotter mit James Cook. Der segelte – auf der Suche nach der Nordwestpassage – vor der Küste des heutigen Oregon bis zu einem Kap, das er wegen des Schietwetters damals Cape Foulweather nannte. Das Kap liegt keine zehn Meilen entfernt von der Stelle, wo Bob und ich gerade stehen. Cook zog weiter nach Norden und erreichte im Frühjahr 1778 erst das heutige Kanada und später Alaska, wo die Russen schon sehr erfolgreich nach Seeottern jagten und die Pelze für viel Geld nach China verkauften. »Das setzte einen wahren Goldrausch in Gang, der ungefähr 100 Jahren anhielt«, sagt Bob. »Das Abschlachten endete erst spät im 19. Jahrhundert. Und um 1910 war die gesamte wilde Population von Seeottern an der Küste von Oregon ausgerottet.« Das sei traurig, nicht nur für die Otter, sondern für das gesamte Ökosystem Ozean, sagt Bob. »Da fliegen gerade Pelikane

Das Tillamook Lighthouse mitten im Meer. 1881 in Betrieb genommen, nach sieben Jahrzehnten abgeschaltet.

vor der Küste, die ernähren sich von kleinen Fischen. Und diese kleinen Fische wiederum von Plankton. Bei der Produktion von Plankton spielen die Kelpwälder eine wichtige Rolle.« Und die sind bedroht, weil die Population der Seeigel so Überhand genommen hat. Der Grund: Ihr natürlicher Fressfeind fehlt, der Seeotter.

Bob und seine Mitstreiter bei der Elakha Alliance wollen das wieder korrigieren. Die Bestände der Seeotter in Alaska und Kalifornien haben sich von den Folgen der Bejagung inzwischen erholt. Es gäbe also einen Pool an Tieren, womit man sie vor der Küste von Oregon wieder ansiedeln könnte. Aber ganz so einfach sei es dann doch nicht, sagt Bob. »Wir bräuchten wahrscheinlich 50 bis 70 Tiere. Wie fangen wir die und transportieren sie sicher hierher? Und was müssen wir beachten, bevor wir sie freilassen? Diese offenen Fragen müssen wir klären und brauchen dazu den Austausch mit Experten.«

Bob betont das auch wegen eines einzelnen Seeotters, der sich im November des vergangenen Jahres vermutlich aus dem Norden hierher an die Küste von Oregon verirrt hatte. »Sein Schicksal

Sea stacks gibt es überall an der Westküste. Die Felsen sind Relikte von Landzungen, die das Meer abgetragen hat.

wurde besiegelt durch die Kiefer eines Weißen Hais.« Der verletzte Seeotter schaffte es zwar noch an den Strand, verendete aber ein paar Tage später. »Wir untersuchen gerade gemeinsam mit der Oregon State University und der Cal State University Monterey Bay das Auftreten und die Verteilung der Weißen Haie vor der Küste von Oregon. Die sind noch nie markiert worden, deswegen wissen wir bisher nichts darüber, wann sie kommen und wie viele es sind.« Wäre natürlich blöd, wenn die transplantierten Otter nicht mehr als ein willkommenes Hors d'Œuvre für hungrige Haie wären, die die Bemühungen der Tierschützer mit einem Schnapp gleich wieder zunichte machten.

Bob hofft aber, dass es innerhalb der kommenden fünf Jahre soweit sein könnte und die ersten Seeotter aus Alaska oder Kalifornien es sich in den Kelpwäldern von Oregon gemütlich machen. Und so lange erfreut er sich an den anderen Tieren und dem Meer selbst. »Ich bin jedes Mal sprachlos und überwältigt von der Kraft und Dynamik. Der Ozean ist so eine uralte, unaufhaltsame Kraft. Ich spüre diese Unvergänglichkeit. Wie klein und bedeutungslos wir

Farbenpracht im Tidenpool.
Seesterne, Seeigel und Algen bei Ebbe.

Vielleicht der schönste Leuchtturm an der Küste. Das Heceta Lighthouse schickt sein Licht 40 Kilometer weiter übers Meer.

Menschen im Vergleich doch sind. Wir können nichts davon kontrollieren. Auf der anderen Seite haben wir aber Einfluss genommen. Und mir bedeutet es eine Menge, mithelfen zu können, um das wiederherzustellen, was dieser fantastischen Küstenlandschaft verloren gegangen ist.«

Aller Anfang ist zäh

Zu Beginn, in den ersten ein, zwei Wochen einer Reise, scheint sich erstmal alles gegen dich zu verschwören, will dich überzeugen, dass du aufgibst. Zu Hause ist es doch auch schön, warm, trocken, leckeres Essen, Freunde, Familie. Und hier draußen? Das Wetter spielt noch nicht so recht mit, immer wieder Regen und kühle Temperaturen. Der Körper jammert, vor allem die Handgelenke, Vorfüße und Knie. Und rücksichtslose Autofahrer meinen ständig, sie besäßen auf der Straße mehr Vorrechte als Radfahrer, weil sie zwei Räder mehr und Pferdestärken unter der Haube haben. Wilde Gesten, nerviges Gehupe und haarscharfe Überholmanöver sind die Folge. Aber irgendwann ändern sich Wahrnehmung und Erlebnis auf der Tour. Das Treten fällt plötzlich leichter, Wind schiebt von hinten, der Highway wird vom Band zum Tunnel, jede Umdrehung der Kurbel bringt dich dem Rausch näher, der den Körper schließlich überwältigt. Du ergibst dich dem High, gleitest in die Unendlichkeit. Nur der Moment zählt. Sonst nichts. Dann wird Radfahren zur Sucht und schönsten Form des Unterwegsseins.

Der Highway 101 tut ein Übriges. Er strotzt jetzt nur so vor Stränden und Aussichtspunkten. Immer wieder halte ich für einen Schnappschuss. Bald werde ich einen tatsächlichen Tunnel erreichen, mit einem Knopf für Radfahrer am Eingang. Den sollen wir drücken, damit das Warnlicht über der Einfahrt anfängt zu blinken und Autofahrer darauf aufmerksam macht, Rücksicht zu nehmen, nicht zu überholen und langsam zu fahren. Genial.

Bevor es soweit ist, mache ich noch einen kurzen Abstecher zum fotogensten Leuchtturm von allen in Oregon. Das Heceta Lighthouse, 1894 erbaut, ist zwar nur 17 Meter hoch, dafür strahlt sein Licht fast 40 Kilometer raus auf die See, weiter als jedes andere an der Küste von Oregon. Die Lage ist erwartungsgemäß spektakulär. Sturmumtoste Klippen zu seinen Füßen. Das Haus des Wärters überblickt den malerischen Strand in der Bucht, heute ist es ein Bed and Breakfast. Zwischen 180 und 380 Dollar kostet die Nacht in einem der sechs Zimmer. Bei solchen Preisen übernachte ich als alter Pfennigfuchser dann doch lieber im Zelt. Und das geht gerade an der Küste von Oregon für Radfahrer besonders gut. Im Schnitt kommt man mindestens einmal am Tag zu einem *state park* mit *hiker biker camp*. Die meisten haben außerdem noch Boxen mit USB-Outlets, wo wir unsere Handys laden können. Danke fürs Mitdenken und den tollen Service!

Sahara-Feeling in Oregon

Sand soweit das Auge blicken kann. Wie eine gelbe Wand gleich neben dem Asphalt des Highways. Bis zu 150 Meter erheben sich die Dünen. Nur die massigen Fichten davor passen nicht so recht in diese Wüste. Und das Ortsschild, das ich passiere: Florence. Dann noch ein zweites, das den verwirrten Radler, der just anfing zu überlegen, ob die Plattentektonik die Sahara wirklich nach Italien geschoben und er sich unwissend komplett verfahren hat, wieder auf den rechten Pfad weist: Oregon Dunes National Recreation Area. Puh, *thanks*!

Entstanden sind die Dünen hier nämlich vor allem durch Wind, der den Sand vom nahe gelegenen Umpqua River seit 100 000 Jahren hierher bläst. Sie bilden einen Korridor, rund 4 Kilometer breit und insgesamt 80 lang. Ein surreales Paradies für unzählige Tier- und Pflanzenarten. Und seit mehr als 50 Jahren Traumziel für Speedjunkies, die mit ihren Sandbuggys durch die grandiose Dünenlandschaft brettern. Science-Fiction-Autor Frank Herbert soll nach einer Recherchereise für einen Zeitungsartikel so sehr von ihnen begeistert und inspiriert gewesen sein, dass er begann, seine Bestseller-Reihe *Dune* zu schreiben.

Außerdem sind die Sanddünen eines der weltweit besten Reviere zum Sandboarden. Florence gilt deshalb als die Hauptstadt dieses Sports, auch weil es hier den Sand Master Park gibt, den ersten seiner Art weltweit. Lon Beale hat ihn 2000 gegründet. Sein Spitzname: Dr. Dune. Das Headquarter ist nicht viel größer als ein Schuppen, in dem man Ausrüstung ausleihen oder kaufen kann. In einer Ecke hat Lon die Sandbrary eingerichtet. »Das ist Sand aus der ganzen Welt, und auf jedem sind wir mit unseren Boards auch gefahren«, sagt Caleb Van Winkle. Er arbeitet für Lon und will mir gleich noch zeigen, wie man sandboardet. Der Sand der Sandbrary ist in durchsichtige »Gatorade«-Flaschen abgefüllt, die in Reih und Glied in den Regalen stehen. »Wir haben Sand aus Kalifornien, Utah, aber auch Brasilien, Algerien, Mexiko und Dubai«, sagt Caleb. Und jeder ist anders. Weiß, beige, gelb, orange, rot, grau, schwarz, fein und grob.

Caleb schnappt sich zwei Boards aus Holz, die im Grunde so aussehen wie Snowboards. »Wer surfen kann, skateboarden, wakeboarden oder snowboarden, ist klar im Vorteil.« Da bin ich schon mal raus. Trotzdem stapfen wir kurz darauf barfuß durch den tiefen Sand auf die Anfängerdüne unweit der Verleihhütte. Heute sind wir hier die Einzigen. »Wenn du gut zuhörst, wird es dir nicht schwer fallen. Letzte Woche hatte ich einen Skateboarder hier, der hat immer wieder versucht, das Board genauso wie beim Skateboarden zu fahren, egal wie sehr ich ihm davon abgeraten habe. Das lief dann nicht so gut«, sagt Caleb. Und weil mich das nicht wirklich überzeugt, schiebt er noch zwei weitere Argumente hinterher. »Wirst du Spaß haben? Na klar! Wirst du dich verletzen? Wahrscheinlich nicht.« Wahrscheinlich nicht? Was soll das denn heißen? »Der Sand ist weich. Ich bin mal mit 50 Sachen und Gesicht voran im Sand gelandet. Hatte ein bisschen Kopfschmerzen danach. Aber keine wirkliche Verletzung.« Ob Caleb klar ist, dass meine Zweifel nach solchen Aussagen eher noch größer werden?, denke ich, als er mir einen kleinen Block Wachs in die Hand drückt, mit dem ich das Board jetzt großzügig einreiben soll. Sonst flutscht nämlich überhaupt nichts, weil der Sand zu sehr bremst.

»Du musst keine Angst haben, reite den Schwung einfach zu Ende.« Und wenn ich doch lieber bremsen will? »Mach' einen Powerslide. Bei einer Drehung bremst du automatisch.« Powerslide, also abrupt mit der Ferse das Board um 90 Grad rumreißen. »Arsch raus, Oberkörper über dem Board lassen, dann stoppst du.« Nach ein paar Metern. Sonst soll ich mich einfach in den Sand plumpsen lassen, der sei viel weicher als Schnee. Und wie wir schon gelernt haben, die Wahrscheinlichkeit, sich dabei zu verletzen, liegt bei Null. Also fast. Caleb lässt sich nicht beirren. Wir steigen in die dicken Neoprenbindungen, ein Gurt über dem Vorfuß, der andere sitzt fest an der Ferse. »Zehen nach außen drehen, Fersen nach innen, damit sich die Knie in entgegengesetzte Richtungen beugen. In die Hocke gehen, Gewicht auf den Hinterfuß verlagern, Oberkörper gerade, Hände in die Richtung, in die du fahren willst. Los geht's.« Caleb hüpft nach vorne, und schon schwingt er elegant den Hügel hinab.

Na, das sieht ja gar nicht so schwer aus, denke ich, hüpfe auch nach vorne, verliere die Balance und lande auf dem Hintern. Egal, aufstehen, in die Hocke, Arme auseinander und los. »Du darfst

Surfen auf Sand. Caleb zeigt mir in den Dünen bei Florence, wie's geht.

nicht mit den Armen wedeln, als ob du ertrinkst, sonst verlierst du das Gleichgewicht und wirst Sand fressen«, ruft Caleb mir zu, aber irgendwann zwischen den Worten »Gleichgewicht« und »Sand fressen« mache ich genau das. »Je tiefer du in die Hocke gehst, desto stabiler bist du. Du hast 20 Zentimeter geschafft, immerhin.« Höre ich da Hohn? Das lasse ich nicht auf mir sitzen, stehe auf, befolge alle Anweisungen vorschriftsgemäß, schließlich habe ich ja genau zugehört – meine Stärke. Ich rutsche kurz … und lande wieder auf dem Hintern. »Dieses Mal waren es zwei Meter! Das geht fast allen so beim ersten Mal«, sagt Caleb, und ich: »Ich spüre schon meinen Hintern.« Er: »Weil du Muskeln benutzt, die du normalerweise nicht benutzt.« – »Und wie lang hast du gebraucht, bis du einigermaßen die Düne runtergekommen bist?«, frage ich in der Hoffnung, mein angeschlagenes Selbstbewusstsein wieder aufzupäppeln. »Runtergekommen bin ich schnell, aber es hat ungefähr ein Jahr gedauert, bis es auch gut aussah.«

Das gibt Hoffnung und ich probiere es nochmal. Fünf Meter schaffe ich, dann bin ich am Fuß der Babydüne angekommen. Wir

June gloom über den Oregon Sand Dunes. Der Küstennebel hält sich an manchen Tagen hartnäckig.

stapfen wieder hoch, und als wir nach ein paar Minuten wieder oben stehen, bin ich völlig außer Atem und schwitze mehr als auf meinem Rad. »Gutes Work-out«, grinst Caleb und schlägt vor, auf dem Board doch mal wie auf einem Schlitten nach unten zu rutschen. Einfach draufsetzen und los, das mache er immer bei Gästen, die nicht so fit sind. »Hauptsache, sie haben Spaß.« Der ist bei mir auf dem Rad deutlich größer. Aber allein schon hier draußen zu sein, inmitten dieses einzigartigen Dünenmeeres, ist ein Geschenk, auch für Caleb. »Wir haben die Berge, wenn du *offroaden* willst. Wir haben die Sanddünen, den Strand und jede Menge Flüsse. Der Siuslaw fließt direkt durch Florence, ein wunderschöner Fluss. Hier kann man so viel erleben.«

Superfood für Langstreckenradler

100 Kilometer, das ist die Schallmauer, die ich jeden Tag anpeile, obwohl ich mir doch vorgenommen hatte, es dieses Mal ruhiger angehen zu lassen. Aber irgendwie muss es dreistellig werden, und sei es nur, damit ich die Kalorienmengen des Tages wettmachen kann. Die Küste von Oregon ist nämlich auch in der Hinsicht bestens aufgestellt. In fast jedem Küstenstädtchen wartet ein DQ, ein Dairy-Queen-Restaurant, und lockt mit dem für mich auch nach bald 30 Jahren noch zweifellos besten Soulfood, das man sich als Langstreckenradler wünschen kann. Der »Blizzard« ist ein legendärer Klassiker, oft kopiert, aber nie erreichen die anderen die Qualität des Originals. Das Rezept ist simpel: weißes Softeis plus Toppings plus Soßen. Schon 2004, bei der Umrundung Amerikas, habe ich hier in Oregon frohlockt, nach der kalifornischen DQ-Wüste, und Dutzende in mich reingelöffelt. Mein Favorit seit damals ist noch immer der »Cookie Dough Pecan Cluster Blizzard«, *medium*. Bei einem akuten Hungerast darf es auch mal *large* sein.

Nach der Bestellung geht der geschulte DQ-Mitarbeiter umgehend ans Werk. Softeis in einen Pappbecher zapfen, zwei Löffel rohe Plätzchenteigkügelchen, zwei Löffel Pekannüsse, Schoko- und Karamellsoße obendrauf, dann im Blender ordentlich durchmischen, roten Plastiklöffel reinstecken und den gefüllten Becher kurz umdrehen. Damit soll die korrekte Konsistenz demonstriert werden. Stimmt die nicht, muss das Putzteam anrücken und ich

---

Abstrakt wie ein Gemälde.
Bei Ebbe zerfurchen Flüsse das Watt.

noch mal fünf Minuten warten. Aber das ist es wert. Der vollmundige Genuss betört die Sinne und die Seele. Und er liefert jede Menge Treibstoff. Je nach Größe sind es 1000 bis 1500 Kalorien, die dem Radler helfen, über die nächsten Steigungen förmlich zu fliegen.

Entsprechend entzückt bin ich, als ich in Reedsport das vertraute ellipsenförmige Logo von DQ gleich an der Hauptstraße entdecke. Es ist zwar noch ein bisschen früh, normalerweise gönne ich mir die Belohnung erst am Nachmittag. Aber eine Mittagspause geht schon auch mal. Während ich ein paar Minuten später die süße Köstlichkeit beseelt auf dem Bordstein vor dem Restaurant sitzend löffle, kommt ein älterer Herr zu mir. Er hat sich gerade zwei

lunchmeals in Tüten packen lassen. Eine für sich und die andere … für den Hund, der im Auto sabbernd und aufgeregt kläffend auf sein Herrchen wartet, vermute ich zunächst. Und bin entsprechend verdutzt, als er mir die zweite Papiertüte in die Hand drückt. »Sechs Dollar für zwei«, sagt er. »Unschlagbar!« Dreht sich um, steigt in den Wagen, öffnet seine Tüte, legt erst den Burger und dann die Pommes sorgsam auf das Armaturenbrett und saugt am Strohhalm aus dem Limobecher, der Teil des »Happy Meal« ist.

Traumstrand am wilden Pazifik. Wegen der dünnen Besiedlung an der Küste von Oregon trifft man hier kaum Menschen.

Southern Oregon

Auf den Spuren der Küstenindianer

Die Südküste von Oregon ist die traditionelle Heimat der Coquille. Heute bilden sie einen von neun anerkannten Stämmen in Oregon. Das war aber nicht immer so. Nachdem man ihnen das Stammesrecht im 20. Jahrhundert aberkannt hatte, kämpften die Mitglieder jahrzehntelang, bis ihnen am 28. Juni 1989 wieder die vollumfänglichen Rechte zugesprochen wurden. Ein klassisches Reservat haben die Coquille nicht. Vielmehr leben sie verteilt auf verschiedene *counties* im Süden von Oregon. Mit knapp 1200 Mitgliedern sind sie ein kleiner Stamm, der mit seinen verschiedenen Unternehmen aber ordentlich die Wirtschaft der Region ankurbelt, vor allem durch die Forstindustrie. Die Coquille betreiben außerdem einige Gesundheitszentren, Krankenhäuser, zwei Hotels, einen Golfplatz, ein Bowlingcenter und in Coos Bay das Mill Casino, das so heißt, weil es früher tatsächlich ein Sägewerk war.

»Im Sommer hab' ich da drin als Aushilfe gearbeitet, bin den Arbeitern mit einem Wasserschlauch gefolgt, um das Brandrisiko zu minimieren«, sagt Jason Younker. »Damals habe ich immer gesagt, eines Tages wird mir das alles gehören, wie man es als 18-Jähriger halt so dahersagt. Und heute bin ich tatsächlich einer von 1200 stolzen Besitzern.« Jason ist als Stammesmitglied nicht nur Teilhaber des Kasinos, sondern auch der Chief, der gewählte Häuptling des Stammes. Und er arbeitet in Eugene für die University of Oregon, leitet ein Programm für Stipendiaten. Eugene liegt zwei Autostunden von Coos Bay entfernt. Das bedeutet viel Fahrerei und wenig Schlaf. Chief Younker ist ganz schön *busy*.

Früher war er selbst Student an der Uni in Eugene, hat dort Baseball gespielt, später in Oklahoma und sogar kurz als Profi. Jason ist viel rumgekommen und wollte am Ende doch wieder zurück in die Heimat, um sich dort zu engagieren. Er hat mit dazu

Der Häuptling und seine Tochter.
Chief Jason grillt den Königslachs nach alter Tradition.

beigetragen, dass die Coquille nach langem Streit wieder als eigenständiger Stamm anerkannt wurden. »Unsere Souveränität hängt vor allem davon ab, wie andere uns wahrnehmen. Wenn sie nur an *Pocahontas* denken, dann ist das ihre Realität. Meine Rolle ist es, ihnen klarzumachen, dass wir einer von insgesamt 574 verschiedenen Stämmen sind. Es ist wie in Europa: Manche Länder haben Gemeinsamkeiten, aber alle sind doch einzigartig.«

Allein an der Westküste gibt es heute mehr als 150 anerkannte Stämme, Nachfahren der Ureinwohner, die aus Asien einwanderten und sich an der Küste niederließen, weil es dort Nahrung und Wasser im Überfluss gab. »Die Menschen gingen freundlich miteinander um, schließlich waren sie ja verwandt«, sagt Chief Younker. Und sie lebten geschützt im Schatten des Kaskadengebirges, verbunden durch unzählige Wasserwege. Ein Paradies. Bis die Weißen im 19. Jahrhundert an die Westküste vordrangen und die Stämme auch hier das grausame Schicksal aller anderen ereilte. Von diesem Trauma haben die Coquille sich nur langsam erholt. »Jeder von uns hat Vorfahren, die Opfer gebracht und überlebt haben, damit wir heute die Wahl haben«, sagt Jason. Die jungen Coquille hätten heute Möglichkeiten, die früher undenkbar waren – eine große Genugtuung für den Häuptling. »Früher war die Frage, ob wir überhaupt aufs College gehen. Heute heißt es: Wo soll ich aufs College gehen?«

Mit den Einnahmen aus dem Mill Casino finanzieren die Coquille Ausbildung, Gesundheitsversorgung und Ernährungsprogramme. »Wir können nicht darauf warten, dass andere uns retten, wir allein tragen diese Verantwortung«, sagt Jason. »Unser Stamm entwickelt sich rasant, wir diversifizieren unser Vermögen, nicht nur durch Treuhandfonds. Und so können wir unseren Stammesmitgliedern Seniorenbetreuung, Wohnraum und Arbeitsplätze bieten. Wir haben gelernt vorauszuschauen, für die Zukunft zu planen. Denn wenn wir das nicht tun, enden wir vielleicht so wie vor 180 Jahren.«

Die Kings der Küste

Und dabei haben die Coquille es geschafft, Teile ihrer Kultur zu bewahren. Es gibt wieder ein traditionelles *long house* als Versammlungsort, Gesänge, Tänze und Kunstarbeiten der Vorfahren leben weiter, die Jugendlichen trainieren für Kanurennen. Der Lachs ist auch heute noch ein wichtiger Teil dieses kulturellen Lebens. Jason

nimmt mich mit nach draußen, wir laufen ums Kasino herum zur *salmon pit*, einer großen Feuerstelle, wo jedes Jahr Anfang September die Ankunft der ersten Lachse der Saison gefeiert wird. »Es gibt zwei Arten, den Lachs auf traditionelle Weise zuzubereiten«, erklärt Chief Younker. »Aufgespießt über dem Feuer und eingewickelt direkt in der Kohle.« Alufolie ersetzt mittlerweile die Seealgen und den Lehm, die früher verwendet wurden. Und Jason ist seit Jahren der Grillmeister, in traditionellem Outfit der Coquille mit Nasenschmuck, Kopfhaube und Halsketten aus Muscheln und Glasperlen.

»Wir betrachten die Lachse als unsere Cousins. Jedes Jahr kehren sie zurück, opfern sich, damit wir leben können. Die Feierlichkeiten sind Teil der Lachszeremonien, die jeder Stamm hier hat. Nach einem langen Winter im *long house*, wenn die Vorräte zur Neige gehen, der Hunger kommt, willst du raus. Aber es regnet, das Wetter ist miserabel. Wenn dann der erste Lachs endlich stromaufwärts zieht, eilen alle nach draußen«, sagt Jason.

Preiselbeermarinade macht den Lachs noch leckerer.
Für viele Stämme ist der Fisch ein wichtiger Teil ihrer Kultur.

»Dein erster Instinkt sagt dir: Fange so viele wie möglich! Aber das tun wir nicht. Wir fangen nur einen einzigen und machen ein Feuer. Dieses Feuer startet eine Kettenreaktion. Unser Feuer hier an der Mündung des Flusses ist das Zeichen für alle anderen flussaufwärts, dass die Lachse endlich zurück sind. Wir garen den ersten Lachs unter den Kohlen. Dann bekommt jeder ein kleines Stück. Anschließend geben wir seine Knochen in einer Zeremonie zurück in den Fluss.« So hat Jason auch seinen indianischen Namen bekommen. Er bedeutet »Bis zu den Hüften im Wasser«, weil er für diese Zeremonie genau so tief in den Fluss gehen musste.

Jedes Dorf macht genau das Gleiche. Sie fangen alle nur einen Fisch und stellen damit sicher, dass Tausende dieser frühen Lachse in die Laichgebiete gelangen können und ihre Nachkommen auch im nächsten Jahr zeitig zurückkehren. »Wenn ich die Knochen dem Fluss übergebe, danken wir den Fischen für das Opfer, das sie erbringen, damit wir leben können. Solange wir das machen, uns immer wieder bedanken, desto unwahrscheinlicher wird es, dass wir die Ressource missbrauchen«, sagt Jason.

Klingt theoretisch plausibel, funktioniert aber schon seit Jahren nicht mehr in der Praxis. Wie viele Stämme an der Westküste und in Alaska kämpfen die Coquille mit dramatisch schwindenden Lachsbeständen. Vor allem die Chinooks, die Königslachse, sind bedroht. »2010 kamen noch 100 000 Lachse, heute sind es kaum mehr 100. Deshalb dürfen wir sie nicht mehr fischen. Der Coquille River ist so verschmutzt und aufgestaut. Das Habitat, das die Lachse brauchen, gibt es nicht mehr«, sagt Jason. Deshalb haben die Coquille kürzlich eine Vereinbarung mit dem Oregon Department of Fish and Wildlife getroffen, die ihnen nun gestattet, die Bestände gemeinsam zu regeln. »Das ist ein historischer Deal für uns. Solange wir mitbestimmen können, wie der Fluss gemanagt wird, werden die Lachse hoffentlich nicht aussterben. Und eines Tages sehen wir vielleicht wieder 100 000 Fische zurückkehren. Aber bis dahin ist es noch ein weiter Weg.«

In Coos Bay verlasse ich den Highway 101 für ein Weile und nehme kleine Straßen mit weniger Verkehr, aber deutlich mehr Steigungen durch die Küstenberge. Es ist schon spät, als ich einen kahl geschlagenen Kamm erreiche. Von hier oben ist der Blick frei in alle Richtungen. Und doch sehe ich nichts als dichte Wälder und ein paar Lichtungen auf den Hügelketten. Kein Ozean, keine Stadt, kein Highway. Ich passiere ein Camp im Unterholz, wo einige Nomaden eine vorübergehende Zuflucht gefunden zu haben scheinen.

Zwischen Zelten, Bretterverschlägen und gepimpten Allradtrucks brennen Lagerfeuer. *Mad-Max*-Vibe. Misstrauische Blicke verfolgen mich, als ich meine Talfahrt antrete. Sie bringt mich zum Bullards Beach State Park am Ortsrand von Bandon. Auf dem *hiker biker campground* werde ich von Dave und Timothy begrüßt, die ihre Zelte schon aufgeschlagen haben. Dave will mit dem Rad nach San Francisco und Timothy wandert den Oregon Coastal Trail. Mehr erfahre ich nicht, weil ich zu müde bin und mich rasch in meinen Schlafsack verkrieche.

Die Legende von Face Rock

Face Rock ist ein Must-see an Oregons Südküste. Chief Younker hat mir so lebhaft davon erzählt, dass ich den Felsbrocken im Meer unbedingt mit eigenen Augen sehen will. Der Legende nach handelt es sich um das versteinerte Antlitz einer jungen Häuptlingstochter,

Der Hafen von Bandon liegt an der Mündung des Coquille River. Viele Vögel erhoffen sich hier einen leckeren Happen von Hobbyanglern oder kommerziellen Fischern.

die zum ersten Mal das Meer sah und von den Wellen so fasziniert war, dass sie alle Warnungen vor dem Ungeheuer im Pazifik außer Acht ließ und gebannt den Vollmond am Firmament anstarrte. Bis es zu spät war: Das Monster hatte das Mädchen gepackt und zog es in die Tiefe. Die zahmen Waschbären der Häuptlingstochter bissen in die Hand des Ungeheuers, aber es half nichts. Das Mädchen erstarrte und mit ihm die Waschbären, die nun für ewig als kleine Felsen den Face Rock flankieren.

Ich habe keine großen Erwartungen, als ich den Aussichtspunkt südlich von Bandon erreiche, und werde total geflasht. Statt eines unförmigen Felsklotzes, in den man mit sehr viel Fantasie vielleicht ansatzweise ein menschliches Gesicht hineininterpretieren muss, sehe ich ein surreal lebendig wirkendes Antlitz. Als nette Anekdote hatte ich die Legende, die Chief Younker mir erzählte, abgetan. Und jetzt frage ich mich, ob da vielleicht doch was dran sein könnte und sie sich genau so zugetragen hat, vor 7000 Jahren. So alt haben Experten den Face Rock datiert. Es wirkt, als könne

Face Rock in Bandon. Der Legende nach erstarrte die Häuptlingstochter vor Tausenden Jahren.

das Mädchen jeden Moment aus seinem Dornröschenschlaf erwachen. Vor allem wenn, wie häufig, Nebelschwaden mystisch um den Felsen wabern.

Labyrinthe im Sand zum Meditieren

Denny Dyke und Bethe Patrick kommen regelmäßig zum Face Rock. Aber nicht wegen der Legende. In den Sommermonaten ziehen sie an fast jedem Wochenende mit Gartenrechen in der Hand ihre Kreise auf dem nassen Sand. Die beiden sind Künstler und haben vor Jahren hier in Bandon »Circles in the Sand« ins Leben gerufen. »The intention of Circles in the Sand is to share love, joy and kindness«, schreiben sie auf ihrer Website und schaffen mit handelsüblichen, leicht modifizierten Rechen aufwendig verzierte Labyrinthe im Sand, durch die man laufen kann, um Liebe, Spaß und besondere Erlebnisse zu teilen. Denny hat damit angefangen, erst mal nur für sich selbst, zum Meditieren. 2014 ist dann das erste öffentliche »Dream Field« entstanden. So nennt er die Labyrinthe. Die Reaktionen waren überwältigend. Im Lauf der Jahre sind die Labyrinthe zu einer ganz außergewöhnlichen Kunstform gewachsen, die Tausende von Besuchern jeden Sommer an den Strand von Bandon lockt.

»Die Labyrinthe haben einen Eingang und einen Ausgang, es gibt keine Sackgassen oder falsche Wege. Im Wesentlichen ist es ein Pfad zum Meditieren«, sagt Denny. »2007 bin ich aus Südkalifornien nach Oregon gezogen und ein paar Jahre später hat der Sand mich gefunden.« Davor hat Denny auf einem Golfplatz gearbeitet und Labyrinthe aus Flaggen, Kreide und Farbe erstellt. »Aber mit Sand kann ich machen, was ich will. Und wenn die Flut kommt, wäscht sie alles wieder sauber für den nächsten Tag.« Die Vergänglichkeit ist für Denny Teil des Konzepts.

Die meisten Sandlabyrinthe beginnen als Baltisches Rad, sind also eine Reihe von miteinander verbundenen Spiralen. Während Denny seine Kreise zieht, dekoriert Bethe die Lücken. »Der Sand muss fest sein. Wenn man darauf läuft und kaum Spuren hinterlässt, ist er ideal«, sagt Denny. Seine Rechen hat er aus dem Gartencenter, jeder zweite Zacken ist entfernt, damit die Umrisse des Labyrinths als Linien im Sand markanter sichtbar werden. Bethe verziert dann zwischen den Spiralen, zeichnet Herzen, Schildkröten und schreibt Botschaften in den Sand. Dabei helfen Freiwillige, manchmal ganz spontan. »Wir schnappen sie uns, wenn sie am Strand spazieren gehen. Es geht uns darum, ein interaktives Labyrinth zu schaffen, durch das anschließend alle gehen können«, sagt Bethe, während hinter uns die Wellen das gerade eben erst angelegte Labyrinth wieder zu schlucken beginnen. »Welch passende Überleitung zur Vergänglichkeit«, scherzt Bethe. »Manche fragen uns, warum wir Stunden damit zubringen, diese aufwendigen Labyrinthe zu schaffen, wenn doch später die Flut alles wieder mitnimmt. Aber so haben wir wieder eine frische Leinwand fürs nächste Mal. Und es ist eine gute Übung fürs Loslassen.«

Denny und Bethe haben mittlerweile ein kleines Team um sich geschart, mit dem sie an den Sommerwochenenden früh losziehen und die Labyrinthe in den Sand rechen. Bei fast jedem Wetter. Die Küste vor Bandon ist bekannt für ihre Stürme und den Nebel. Zehn Kilometer und mehr legen sie manchmal zurück, bis alle Spiralen fertig sind. Für ein Labyrinth brauchen sie im Schnitt gut zwei Stunden, rund 30 entstehen im Laufe eines Sommers, Künstler und Unkosten werden finanziert durch Spenden, Sponsoren und die Gemeinde. »Normalerweise suchen wir uns ein Thema aus, Liebe, Ozean, Zen, Sonne, Mond, Sterne, und danach richten sich dann die Designs«, sagt Bethe. »An den Eingang schreibe ich immer: »Leave behind, what's not needed«, lass zurück, was verzichtbar ist. Das setzt den Ton für den Gang durchs Labyrinth. Die erfahrenen Labyrinthgänger nehmen sich das sehr zu Herzen, wissen, dass sie alles hier zurücklassen können und die Flut es sich dann holt. Gutes wie Schlechtes. Gerade nach der Pandemie wollen viele den Schmerz vergessen, hinter sich lassen. Und das hier ist ein guter Ort dafür.«

Bethe nutzt für die Verzierungen einen kleinen Rechen und für die Schriften und Details einen Stock mit einer spitzen Holzklinge an einem Ende. Während die Botschaft am Eingang immer gleich bleibt, steht am Ausgang jedes Mal etwas anderes, passend zum Thema des Tages. Jeder Besucher bekommt einen kleinen polierten Stein, den er beim Gang durchs Labyrinth in der Hand halten soll und anschließend als Erinnerung mitnehmen darf. »Wir nennen sie *dream stones*, weil das hier unser *dream field* ist«, sagt Bethe. Die Reaktionen der Besucher fallen höchst unterschiedlich aus. Viele kommen mit einem Lächeln aus dem Labyrinth. Andere werden sehr emotional. »So wie ich. Beim ersten Mal habe ich auf einmal

---

Denny und Bethe von Circles in the Sand in Bandon.
Mit modifizierten Rechen erschaffen sie Labyrinthe im Sand.

Im Sommer ziehen sie fast jedes Wochenende ihre Kreise am Strand.
Anschließend können Besucher durch die Labyrinthe laufen.

mittendrin angefangen zu weinen«, sagt Bethe. »Für mich war das eine Bestätigung, dass ich die richtige Entscheidung getroffen hatte, hierher zu kommen.«

Diese intensive Erfahrung liegt nicht nur am Labyrinth, sondern auch an der Magie und Schönheit der Küste, mit dem Strand und den *seastacks*, den schroffen Felsen im Meer, findet Bethe. Und Denny ergänzt: »Die Intention hinter allem, was wir tun, ist die Liebe, etwas, von dem wir alle mehr in unserem Leben gebrauchen können. Unser Mantra ist: Teile Liebe, zeige Liebe und werde geliebt. Wir schenken den Menschen nur ein bisschen Frieden und Freude, 20, 30 Minuten, die sie sonst nicht hätten. Umgeben von dieser Natur, diesen Felsen, der tiefen Energie der Erde hier. Es ist mir eine Ehre, das tun zu dürfen, glaub' mir.«

Cheese Curds und Cranberry Queens

Bandon ist eine der coolsten *small towns in America*, so haben es 2010 die Leser eines Reisemagazins mal entschieden. Ich stehe ja auf *small towns*, viel mehr als auf die touristischen Hotspots. Ich mag die Gemeinschaft, den Zusammenhalt, die Gastfreundschaft und die entspanntere Atmosphäre. Gut 3000 Menschen leben in Bandon, früher vor allem von Fischerei und Holzwirtschaft. Das Reisemagazin hat besonders die Foodszene gelobt, vielleicht auch ein Grund, warum der Tourismus in den letzten Jahren zunehmend an Bedeutung gewonnen hat. Außerdem haben lange Zeit Molkereiprodukte und vor allem Käse zur Wirtschaft beigetragen. Seit 2013 produziert die Face Rock Creamery in Bandon wieder preisgekrönte Käse und die beliebten Cheese Curds, super leckere, quietschige Käseklumpen aus Cheddar in verschiedenen Geschmacksrichtungen. Am gefragtesten ist der »Vampire Slayer« mit einer ordentlichen Prise Knoblauch.

Und noch bedeutender für Bandon sind die Cranberrys. Nirgendwo in Oregon werden mehr geerntet. Im milden Klima an der Südküste können die Beeren länger wachsen und gelten deshalb als besonders schmackhaft. 95 Prozent aller Cranberrys in Oregon stammen von den Farmen in und um Bandon, rund 15 Millionen Kilo sind es jedes Jahr. Im September wird die Ernte mit einem Cranberry Festival gefeiert, mit großer Parade durch die Innenstadt, mit Beeren-Kochwettbewerb und Krönung der Cranberry Queen, die damit automatisch für die Wahl zur Miss Oregon qualifiziert ist.

Große Kunst gegen die Verschmutzung der Meere

Bevor ich Bandon verlasse, besuche ich in der Innenstadt noch eine Organisation, die dafür gesorgt hat, dass das Städtchen am Coquille River inzwischen sogar weltweit bekannt ist. Nur einen Block entfernt vom Hafen liegen das Harbortown Events Center und die Galerie von Washed Ashore, einem beeindruckenden Umwelt- und Kunstprojekt. Seit 2010 haben die Mitarbeiter und vielen Helfer der Non-Profit-Organisation mehr als 30 Tonnen Plastikmüll an den Stränden von Oregon gesammelt und daraus faszinierende, bunte Skulpturen gemacht.

»Wir sortieren den Müll, säubern und desinfizieren ihn. Und dann machen wir uns an die Skulpturen«, sagt Kelly Bechtel, die mich im großen Ausstellungsraum empfängt. Von der Decke hängt ein riesiges Walskelett in Lebensgröße aus Plastikbojen, Milchpackungen und Waschmittelflaschen. Daneben ein Seestern. »Die Flaschen hier mit dem Logo stammen von den Olympischen Spielen in

Eine Qualle aus alten Plastikflaschen.
Bei Washed Ashore wird tonnenweise Müll zu Kunst verarbeitet.

Peking 2008. Rund zehn Jahre hatte es also gedauert, bis sie bei uns an den Strand gespült wurden«, sagt Kelly. Auch Steve, der Meeresdrache, und Blueberry, die Qualle, sind ausschließlich aus gefundenem Müll gefertigt. Und Cleo, der Clownfisch, in einer Anemone oder die Meeresschildkröte mit Wimpern aus alten Kämmen. Die Skulpturen sind nicht nur hier in der Zentrale in Bandon zu sehen, sie gehen auch auf Tour durchs ganze Land, als Ausstellungen für Zoos, Aquarien, Museen und öffentliche Parks.

Insgesamt haben die Künstler von Washed Ashore bisher 87 Skulpturen geschaffen, mithilfe von unzähligen Freiwilligen. »Wir haben eine künstlerische Leiterin«, sagt Kelly. »Sie entwickelt die Ideen, macht Vorlagen.« Und in der Werkstattecke der Zentrale können dann Freiwillige die Einzelteile mit den zur Verfügung gestellten Werkzeugen herstellen, bevor sie später zusammengesetzt werden. »Am Wochenende kommen Familien mit ihren Kindern, sitzen zusammen an den Tischen und arbeiten. Der Gemeinschaftssinn ist toll. Alle unterhalten sich, auch wenn sie sich vorher

Clownfisch Cleo in einer Anemone aus »Gatorade«-Flaschen.
Die Botschaft: weniger Einweg und Müll zur Rettung der Meere.

gar nicht gekannt haben«, sagt Kelly. »Die Botschaft findet Anklang und verbindet.«

Wir müssen was ändern, lautet sie, wir müssen wegkommen vom Einwegplastik. Jeder kann mithelfen, selbst der kleinste Beitrag zählt. Die Skulpturen sind zum Teil gigantisch, die Details überwältigend. Tausende Einzelteile, akribisch verarbeitet. Alte Feuerzeuge, Zahnbürsten, Flaschendeckel. An einer Wand hängt das Foto eines Surfers, der gerade durch einen Wellentunnel reitet, umgeben von Unmengen zerfetzter Plastiktüten und anderem Müll im Wasser. Ein anderes Bild zeigt eine verendete Möwe. Ihr geöffneter Bauch ist gefüllt mit Plastikmüll: einem ganzen Feuerzeug, bunten Flaschenkappen, Mikroplastik. Schockierend und auch faszinierend. »Es ist so wunderschön und traurig zugleich, das ist meistens der Kommentar der Besucher«, sagt Kelly. »Vielleicht können wir so auf das Problem von Plastikmüll hinweisen und darauf, was er mit unseren Ozeanen macht.«

»Have a nice vacation!«, verabschiedet sich Timothy, der Hiker, am nächsten Morgen von mir. Ich bedanke mich und muss schmunzeln. Urlaub. Ich weiß nicht, wann ich zum letzten Mal Urlaub gemacht habe, so mit Relaxen, Nichtstun, einfach nur Sein. Oder ist mein Leben vielleicht doch ein einziger, nie enden wollender Urlaub, so sehr ich es auch abstreite? Reisen ist mein Beruf geworden. Ein Traumjob. Aber ich überlege unterwegs auch jeden Tag, wie ich welche Geschichte am besten erzählen kann, welche Fotos ich brauche, welche Fragen ich beim nächsten Interview stellen muss. Trotzdem ist es natürlich ein großes Privileg, davon leben zu können.

Surfmen, Stormwatcher und die wilde Südküste

Auf der Weiterfahrt mache ich dann tatsächlich ein bisschen Urlaub, pausiere ausgiebig zum Lunch in Port Orford, einem kleinen Fischerstädtchen mit gut 1000 Einwohnern. Im Laufe der Zeit haben sich Künstler niedergelassen, die ihre Werke in Galerien und Läden anbieten. Glasbläser, Töpfer, Holzschnitzer. Gibt es hier so viele, weil die Küste sie inspiriert, oder folgen sie den Touristen, die ihre wichtigsten Kunden sind? Wahrscheinlich spielt beides eine Rolle. In jedem Fall ein spannender Mix, bei dem man nie das Gefühl bekommt, Touristen-Neppern auf den Leim zu gehen. Der markante, gut 500 Meter hohe Humbug Mountain fällt südlich der Stadt steil in den Ozean ab. Vor dem Berg, im Meer, eine Reihe von

Einsame Strände, soweit das Auge reicht. Oregons Küste lockt immer wieder mit atemberaubenden Ausblicken.

Felsen, Red Fish Rocks, Teil des Meeresschutzgebietes. Der Blick ist atemberaubend. Eine Kette von Bergrücken nach der anderen. Ihre Silhouetten verlieren sich in Pastelltönen in der Ferne, wie in einem Gemälde.

Am Fuß der Berge, da, wo sie ins Meer stürzen, eine weiße Linie, fast wie mit Kreide gezogen: Meersalz, das die Wellen hier seit Urzeiten an die Felsen spritzen. Durch die Lüfte segeln Wellenläufer. Die Vögel sehen ein bisschen aus wie Sturmschwalben und verbringen ihr ganzes Leben auf dem Ozean. Nur zum Brüten kommen sie an Land.

Nördlich der Stadt liegen die windumtosten Wälder des Port Orford Heads State Park. Mahonien wachsen dort, die gelb blühenden Sträucher sind die Staatsblumen von Oregon. Und Usnia, Baumflechten, deren Fasern sich wie ein Gummiband dehnen und die in vielen medizinischen Kräutermischungen enthalten sind.

An einem Trail steht eine Schrifttafel: »Es ist dunkel. Der Südwind peitscht Böen mit 100 Meilen pro Stunde vor sich her. Die Wellen sind fast 20 Fuß hoch und der Regen bläst von unten den Hügel hinauf, gegen die Schwerkraft. Ein Pazifiksturm schlägt auf die Küste von Oregon. Ein Schiff ist in Not vor den felsigen Headlands. Die Leben der Crew in Gefahr.« Der Trail führt runter zu einer Bucht. 1000 Stufen tiefer lag früher die Coast Guard Station mit einem Bootshaus und einem Rettungsboot, das sich nach dem Kentern sogar selbst wieder aufrichten konnte. »Surfmen« ist der Spitzname für die Coast-Guard-Männer, ihr Motto: Du musst raus … aber du musst nicht wieder zurückkommen. Von 1934 bis zur Auflösung des Postens 1970 retteten die harten Männer der Coast Guard von hier aus zahlreiche Menschen aus Seenot.

Auch 1942. Damals hatte ein japanisches U-Boot den Tanker »Larry Doheny« vor der Küste versenkt. Die Surfmen fuhren sofort los und konnten in den eisigen Fluten des Pazifiks entgegen aller Wahrscheinlichkeit fast die gesamte Crew vor dem Ertrinken retten. Das U-Boot hatte damals, im Krieg, auch ein in Einzelteile zerlegtes Flugzeug an Bord, das später zusammengebaut wurde und Brandbomben über der Küste abwarf. Aber die Wälder von Oregon waren so feucht, dass die Bomben kaum Wirkung hatten. Nach dem Krieg kam der japanische Pilot nach Brookings, Oregon, und überbrachte als Zeichen der Wiedergutmachung das jahrhundertealte Samuraischwert seiner Familie.

Im Sommer, wenn die Sonne scheint und der Wind nur eine leichte Brise ist, gibt es kaum einen schöneren Ort als die Küste von Oregon. Aber auch der Winter kann hier durchaus seine Reize haben. Vor allem für die Sturmjäger. »Wenn der Wellengang zehn Meter erreicht, nehmen sie sich ein Zimmer direkt an der Klippe und beobachten das Chaos«, sagt Dave Lacey. Er ist Besitzer von South Coast Tours und hat sich auf alle möglichen Ozean-Expeditionen spezialisiert. Von Bootstouren über Schnorcheln und Kajaktrips bis hin zu Tauchgängen. Dave hat schon immer an der Küste gelebt. Er liebt den Ozean, weil er auf gewisse Weise alles neu ausrichte im Leben. »Hier draußen kann ich alles vergessen, ich lebe im Moment und alles andere ist dann egal.«

Der Winter an der Küste ist rau, aber mit der richtigen Ausrüstung findet Dave ihn mindestens so toll wie den Sommer. »Weniger Leute, man hat den Strand oder Trail ganz für sich. Und das schätzen die Menschen hier. Es gibt immer noch genügend wilde Orte, wo man das Abenteuer finden kann.«

Ich verlasse Port Orford am Nachmittag. Blauer Himmel über mir – und immer rechts der Pazifik. Schroffe Felsen im Meer, kleine Inseln, Strände, kurze Pfade zu Aussichtspunkten. Ich erreiche den Samuel H. Boardman State Scenic Corridor, einen knapp 20 Kilometer langen Abschnitt am Highway 101 mit einigen der spektakulärsten Ausblicke und Felsformationen. Natural Bridge, Arch Rock, Whaleshead Beach. Das Wasser ist türkis, der Küstenwald dicht. Sitkafichten ragen fast 100 Meter in die Höhe. Je später es wird, desto mehr nimmt der Verkehr ab. Die meisten Urlauber haben sich inzwischen auf ihren Stellplätzen in den Parks entlang der Küste eingerichtet. Es bleibt mittlerweile längst nicht mehr so lang hell wie noch im Norden, am Anfang der Tour. Die Tage werden mit jedem Kilometer nach Süden spürbar kürzer. Ich schaffe es bis Brookings und campiere dort im *state park*. Meine letzte Nacht in Oregon. Morgen werde ich in den »Golden State« rollen. *California, here I come!*

Northern California

Im Land der Giganten

Ich stehe mitten in einem Wald voller Riesenbäume, so hoch wie der Himmel. Ihre Kronen sind kaum auszumachen. Manche Stämme haben einen Durchmesser von zehn Metern. Und während oben der Wind die Wipfel zerzaust, fühle ich mich hier unten geschützt. Es ist fast still, bis auf den Gesang der Vögel. Zu Füßen von Giganten. Ich halte für einen Moment inne und lausche der Stille.

Der »Golden State« ist im Norden vor allem grün und rot, in unzähligen Schattierungen. *State parks* und ein Nationalpark schützen die Küsten-Redwoods. Sie sind die größten Bäume der Erde. Hyperion, benannt nach einem der Titanen in der griechischen Mythologie, ist der unumstrittene Herrscher der Wipfel. Seiner liegt genau 115,55 Meter über dem Waldboden. Weltrekord als höchster lebender Baum der Erde. Er soll aus geschätzten 530 Kubikmeter Holz bestehen, und das bei einem für Redwoods fast jugendlichen Alter von nur 700 bis 800 Jahren, ebenfalls geschätzt. Ihre Lebenserwartung ist locker doppelt und dreifach so lang. Angeblich wäre Hyperion sogar noch größer geworden, wenn Spechte nicht wie bekloppt in seine Baumkrone gehämmert hätten. Silber und Bronze in der Kategorie höchste Bäume weltweit gehen übrigens an Helios und Icarus, die nur unwesentlich kleiner sind und auch hier im Nationalpark stehen. Wo genau bleibt ein Geheimnis, zum Schutz der Bäume.

Den Namen verdanken die Redwoods tatsächlich ihrem roten Kernholz und der Rinde, die im saftigen Grün der Wälder förmlich zu strahlen scheint. Sie sind so selten, weil sie nur in einem schmalen Streifen hier an der Pazifikküste wachsen können. Redwoods brauchen das feuchte Meeresklima, das diese massigen Bäume mit reichlich Wasser versorgt. Aber Redwoods sind nicht nur spektakulär, sie gehören auch zu den effektivsten Ökosystemen der Welt, wenn es um die Speicherung von Kohlenstoff geht. Und damit spielen die Baumriesen eine wichtige Rolle im Kampf gegen den Klimawandel.

Unter wundersamen Giganten.
Im Angesicht der Redwoods bin ich sprachlos.

Wo ich stehe und staune ist Primärwald, unberührt, noch nie abgeholzt. Und deshalb lebt hier eine Vielzahl von Pflanzen und Tieren, ein Ökosystem so reichhaltig und voller Leben, dass man das Gefühl hat, es springt einen förmlich an aus der Erde, den Flüssen und Wasserläufen. Ich gehe immer tiefer in diesen verwunschenen Wald, wie durch einen Tunnel. Mit jedem Schritt werden die Bäume dicker und größer. Und es wird immer moosiger, wirkt irgendwie beruhigend, friedlich. Ganz anders als der Ozean. Der ist kraftvoll, wild und rau, oft geradezu Ehrfurcht einflößend. Mitten in diesem großartigen Wald fühle ich mich hingegen behütet und demütig und der Natur auf eine Art verbunden, wie man es nirgendwo sonst spüren kann.

Riesenhirsche im Redwoodwald

Die Redwoods stehen auf dem traditionellen Land der Klamath, die seit Tausenden von Jahren an der Küste Nordkaliforniens leben. Die Route in den gleichnamigen Ort ist steil und brutal. Streckenweise schaffe ich nicht mehr als sechs Stundenkilometer, stehend im Wiegetritt den Berg rauf. Aber die Redwoods als Kulisse entschädigen für die Plackerei. Als es zu dunkel für die Sonnenbrille wird, setze ich meine normale Fernsichtbrille auf, schalte das Rücklicht ein und kämpfe mich weiter auf die nächsten Steigungen. Drei riesige Wapiti-Hirsche schrecken in Panik auf und queren die Straße vor mir ins Dickicht. Sie gehören wohl zu der Herde, die nach der fast gänzlichen Ausrottung der Tiere hier wieder angesiedelt wurde. Die Roosevelt-Wapitis sind mit einer Schulterhöhe von bis zu anderthalb Metern hinter den Elchen die größte Hirschart in Nordamerika. Schilder am Straßenrand mahnen zu Vorsicht, auch, um einen Zusammenprall zu vermeiden, der für beide Seiten tödlich enden könnte.

Es ist nach 21 Uhr und stockfinster, als ich das *hiker biker camp* im Park erreiche. Ich setze Wasser auf und baue das Zelt im Licht der Stirnlampe auf. Als das Wasser kocht, werfe ich ein Ramen-Nudelpäckchen in den Topf und freue mich schon auf die Extralöffel Crunchy-Erdnussbutter zum Nachtisch.

Die Sonne am nächsten Morgen verheißt schon früh wärmere Temperaturen für die heutige Etappe. Kein Küstennebel wie gestern. »Smart choice!«, kommentiert ein Radkollege am Morgen meine Entscheidung für die Fahrtrichtung gen Süden, nachdem er sich über den zermürbenden Gegenwind auf seinem Weg nach Norden beschwert hat. Ich reite durch sanfte Hügel zurück zur Küste. Dort wird der Highway 101 zur Autobahn, weil es aber keine Alternative gibt, darf ich mit dem Rad weiter auf dem Seitenstreifen fahren. In Arcata feiere ich meine ersten 1000 geradelten Kilometer der Tour mit einem Becher »Häagen Dazs Cookie Dough« zum Abendessen.

Kaliforniens vergessene Küste

Hinter Eureka stehe ich vor der Wahl: Weiter auf dem 101 durchs Landesinnere oder rechts ab auf die 211 Richtung Küste? Das wäre ein deutlicher Umweg, aber Schilder am Highway favorisieren klar die Nebenstrecke. Denn sie führt in einen Ort, der fast so verwunschen wirkt wie die ihn umgebenden Redwoodwälder: Ferndale, California. Das kleine Städtchen scheint aus der Zeit gefallen. An der Main Street reihen sich liebevoll restaurierte viktorianische Gebäude aneinander, viele so imposant, dass sie sogar im Legoland California nachgebaut wurden. Der gesamte Ort ist eine *historical landmark*. Im 19. Jahrhundert machten die Milchfarmen Ferndale zu einem Wirtschaftszentrum, deshalb auch der Spitzname »Cream City«, Sahnestadt. Heute spielt der Tourismus eine Hauptrolle, besonders für Hochzeiten in historisch-romantischem Ambiente.

Ferndale ist außerdem so was wie das Tor zu einem geradezu sagenumwobenen Stück der kalifornischen Westküste, um das sich Mythen und Legenden ranken. Wer der Route 211 weiter folgt, gelangt an die »Lost Coast«. »Es ist ein Abschnitt, der noch immer völlig unerschlossen ist, so, wie Kalifornien überall in den 1960er- und 70er-Jahren war«, sagt Jim Merryfield, Pilot und Windsurfer, beides aus unbändiger Leidenschaft. Geboren in Los Angeles, seit 30 Jahren zu Hause in Humboldt County und sooft wie es geht hier draußen an der »vergessenen Küste«.

»Es ist so wahnsinnig schön hier. Und wenn du draußen surfst, siehst du nur den Ozean und 20 Meilen Küste mit nichts drauf. Hier will ich mal begraben werden.« Jim lacht und meint es wohl doch ernst. Sein kurzes Haar ist noch feucht, den Neoprenanzug hat er gerade erst gegen trockene Shorts und Hoodie getauscht. Das Surfen war heute nicht so gut, zu starker Wind. Der peitscht die Brandung immer noch mit einer solch brutalen Gewalt Richtung Ufer, dass die Wellen ohrenbetäubend laut an die Felsen im Meer klatschen und feine Gischt meterhoch in die Luft spritzt.

Trotzdem hat die Fahrt aus Arcata sich für Jim gelohnt, mehr als eine Stunde *one-way*. Er lebt als Surfer den kalifornischen Traum.

Die Lost Coast ist der ursprünglichste Küstenabschnitt in Kalifornien. Hierher verirren sich nur ein paar Surfer und Aussteiger.

»Es macht süchtig. Wenn ich nicht arbeite, bin ich hier, und wenn ich arbeite, wünschte ich, ich wäre hier.« Sein Geld verdient Jim als Pilot für Cal Fire, das California Department of Forestry and Fire Protection. Er fliegt ein Aufklärungsflugzeug mit einem erfahrenen Feuerwehrmann an Bord, der bei Waldbränden von oben die Einsätze koordiniert. In den sechs Jahren, seit Jim das macht, scheint die Zahl der Feuer stetig zuzunehmen. »Ich bin davon überzeugt, dass das Klima sich wandelt. Es ist furchtbar zu beobachten, dass die Brände immer schlimmer werden.«

Im Moment aber gibt es keine Anzeichen von Rauch über der gewaltigen King Range, die sich parallel zur Küste zieht. Ihr höchster Gipfel, der fast 1250 Meter hohe King Peak, ist mehrmals im Jahr schneebedeckt. Ursprünglich sollte der Highway 1, Kaliforniens Traumstraße am Pazifik, auch hierher an die Lost Coast geleitet werden. Weil das Terrain aber nur schwer zugänglich ist, hat man sich schließlich anders entschieden und stattdessen die Route 211 gebaut, die von der Küste in einem Bogen wieder nach Osten verläuft und im Humboldt Redwoods State Park endet.

Im Schoß der Riesenbäume

»Stille und Ehrfurcht«, mit diesen Worten hat John Steinbeck seine Erfahrung in den Redwoods zusammengefasst. Die Majestät, Anmut und das Alter inspirieren zu einer Ode an die schlichte Existenz dieser wundersamen Geschöpfe. Und dann die Großartigkeit der Superlative: die höchsten, größten, breitesten, die meiste Biomasse. Wären da nicht die Moskitos, könnte ich noch stundenlang hier verweilen und schwelgen. Wahrscheinlich liegt es auch an der Dunkelheit und Kühle. Die Bäume schaffen ein Mikroklima, das zur Mystik beiträgt. Ich habe das Gefühl, sie beobachten mich, wissen, dass ich hier bin und umarmen mich regelrecht von allen Seiten. Das dicke Moos am Boden dämpft die Geräusche. Vielleicht ist das der schönste Ort auf der ganzen Welt.

»Must be a hell of a ride«, raunt mir ein Tagesausflügler in einem der Haine entlang der Avenue of the Giants zu. Für 50 Kilometer verläuft sie parallel zum Highway 101 und ist definitiv die bessere Wahl, nicht nur mit dem Rad. Die Haine sind nach Gönnern benannt, mit deren Spenden hier vor langer Zeit Land gekauft

Dino in den Redwoods. Zwischen den verwunschenen Hainen wartet so manche Überraschung.

werden konnte, um die Redwoods vor der Abholzung zu bewahren. Heute umfasst der Humboldt Redwoods State Park eine Fläche von mehr als 20 000 Hektar. Ein Drittel davon ist Redwood-Primärwald, nirgendwo auf der Welt gibt es mehr. Dazwischen liegt eine Handvoll kleine Ortschaften mit 200, 300 Einwohnern, eher Camps als Dörfer, wo Gemüse, Salate und Kunst gedeihen.

Zurück auf dem 101 stoppe ich am »Grandfather Tree« direkt neben dem Highway. Er soll einer der ältesten Bäume an der Küste sein, 1800 Jahre, mindestens. Die verwandten Sequoias in der kalifornischen Sierra können zwar mehr als doppelt so alt werden, dafür bleiben sie meist ein deutliches Stück kleiner. Als Referenzen für ein solches Alter müssen meist die alten Hochkulturen herhalten, vielleicht damit unser überfordertes Hirn diese unvorstellbaren Dimensionen überhaupt einordnen kann. »Grandfather« stand also schon zur Zeit des Römischen Reichs und vor den Maya, wie es auf seiner Website stolz angemerkt wird. Der Baum hat eine eigene, weil er sich in Privatbesitz befindet.

Cannabis und Bigfoot-Haar

»Meine Schwiegereltern haben das hier alles vor 30 Jahren begonnen«, sagt John Harris, eigentlich Basketballcoach aus St. Louis. Während der Pandemie ist er mit seiner Familie zum Besuch hierher nach Kalifornien gekommen, freiwillige Isolation. Das Geschäft mit dem Riesenbaum war da schon lange geschlossen. John und seine Frau haben es nach kurzem Überlegen spontan wieder eröffnet, mitten in der Pandemie. Seitdem verkaufen sie im *gift shop* ihre Souvenirs, vor allem Schnitzarbeiten aus Redwood-Holz, Mini-Bäumchen, Bärenfiguren, Vogelhäuschen.

Rund um den Laden und auf der parkähnlichen Fläche davor stehen aufwendig gearbeitete Holzskulpturen, ein großer Elefant, Adler, Schnecken, Raupen und noch mehr Bären. Und ein lebensgroßer Bigfoot, der sein Baby auf dem Rücken trägt. »Bigfoot ist sehr beliebt. Wir haben zwar noch keinen gesehen, aber wir halten Ausschau«, sagt John und grinst. Bigfoot, der Yeti Amerikas. Mythos, Legende, Fabelwesen. Oder doch eine reale Spezies? Viele Menschen wollen schon einen gesehen haben, es gibt sogar krude Filmaufnahmen aus den 60ern, aufgenommen in den Wäldern von Nordkalifornien. Gelöst werden konnte das Rätsel um Bigfoot bisher nicht. Und so lange brummt das Geschäft. John verkauft Bigfoot-T-Shirts, Bigfoot-Schlafanzüge, Bigfoot-Actionfiguren und Bigfoot-Haar im Glasröhrchen mit Korkverschluss. Angeblich gesammelt auf einer geheimen Ranch irgendwo im pazifischen Nordwesten, im Frühjahr, wenn Bigfoots am aktivsten sind. Ein Team von Wissenschaftlern hat die garantiert echten Haare vom Stacheldrahtzaun der Ranch gezupft, die DNA analysieren lassen und attestiert die 99,97-prozentige Reinheit. Anschließend haben Techniker in Schutzkleidung die Haarproben unter sterilen Bedingungen in die Glasgefäße portioniert und darauf geachtet, dass es bloß keine Kontaminierung gibt. *That is our story, and we are sticking to it.*

Neben dem »Grandfather Tree« liegt noch eine weitere Touri-Falle, das »One Log House«. Zehn Meter lang, zwei Meter hoch, mit Spitzdach, Sitzecke und zwei Betten. Über acht Monate hindurch ausgehöhlt aus einem 42 Tonnen schweren Stück Redwoodstamm und ursprünglich auf Räder montiert. 1946 war das. Tatsächlich mutet das Baumstammhaus wie ein antiker Wohnwagen an, allerdings ohne Fenster, von den kleinen Schlitzen in der Tür mal abgesehen. Anfangs wurde es als Attraktion durchs Land gekarrt. Seit 1999 parkt es am Highway 101, natürlich auch mit *gift shop* nebenan, wo man neben Nippes auch Espresso und völlig legal Cannabis bekommt, zum Rauchen, Essen und Trinken. *Welcome to California!*

Kaputte Duschen und der längste Anstieg der Tour

Auch in Kalifornien gibt es jede Menge State Parks an der Küste, viele mit Hiker-Biker-Plätzen. In der Regel sind sie aber teurer als in Oregon und fürs Duschen muss man zahlen, beziehungsweise Dollars in Duschmünzen tauschen. Für 50 Cents gibt es eine Münze. Die wirft man in einen Schlitz an der Kabine und schon beginnt es zu tröpfeln, aus verkalkten, abgefuckten Duschköpfen. Die Armaturen sind größtenteils ohne Funktion. Also versucht man so lange vergeblich eine halbwegs lauwarme Temperatur einzustellen, bis die zwei Minuten rum sind und man die nächste Münze nachwerfen muss. Wobei das mit den Münzen schon sinnvoll ist, mit Blick auf die Wasserknappheit in Kalifornien und die Vorliebe der Amerikaner für extrem ausgedehntes Duschen. Sei's drum, ich mache am Abend trotzdem das Spielchen fast ohne Murren mit. In der ersten Kabine passiert nichts, selbst nachdem ich zwei Münzen eingeworfen habe. Ich wechsle nackt und rasch in eine andere. Hier läuft das Wasser zwar umgehend, aber der

Wegscheide in Kalifornien. Bei Leggett beginnt der Highway 1, dem ich bis kurz vor Mexiko folge.

Duschkopf ist auf Brustwarzenhöhe angebracht. Also spreize ich meine Beine bis zu den Kachelwänden auf beiden Seiten und suche tief in meinem Inneren nach demütiger Dankbarkeit darüber, dass ich mir in dieser Yogihaltung nicht nur den Schweiß von der Haut sondern gleich auch noch die Haare waschen kann.

Der nächste Tag wird der bisher längste. 134 Kilometer in fast acht Stunden netto, ohne Pausen. Das liegt auch am Leggett Hill mit dem vermeintlich brutalsten Anstieg auf der gesamten Route entlang der Pazifikküste. Nirgendwo sonst geht es so lange so steil nach oben. Er beginnt an der Stelle, wo alle Radfahrer den 101 verlassen und nach rechts auf den noch legendäreren Highway 1, den kalifornischen Pacific Coast Highway, abbiegen. Der schlängelt sich dann in engen Kurven und sogar ein paar Serpentinen den Leggett Hill hinauf, gut 500 Höhenmeter. Das dauert eine Stunde, vielleicht auch zwei, je nachdem wie viele Verschnaufpausen man einlegt. Danach folgt die rasante Abfahrt zur Küste. Und mit jedem Meter sinkt auch die Temperatur. Waren es im Landesinneren eben noch 30 Grad mit Sonne, empfangen einen an der Küste plötzlich nur noch zehn Grad und ein von Nebel und Wolken verhangener Himmel.

»This is where the highway becomes a bitch«, schreibe ich am Abend in mein Tagebuch. Denn die Steigungen enden nicht abrupt an der Küste. Bis nach Fort Bragg geht es weiter auf und ab. Es ist kein stetiger Anstieg wie am Leggett Hill mit einer einzigen langen Abfahrt, sondern eine ununterbrochene Achterbahnfahrt. Das ist hart fürs Rad und noch mehr für den Körper. Immer wieder gehe ich aus dem Sattel, um den Schwung der letzten Abfahrt für die nächste Steigung mitzunehmen, und werde von der Schwerkraft doch wieder viel zu rasant auf Schneckengeschwindigkeit runtergebremst. »Wenn du da um die Kurve fährst, hast du nur noch Rückenwind, der dich bis nach Fort Bragg tragen wird«, meint ein Autofahrer bei einer kurzen Pause aufmunternd. Lügner. Aus irgendeinem Grund bläst der Wind an der Küste heute sogar aus der falschen Richtung und bremst mich zusätzlich.

Depri-Wetter in »Sunny California«

Mit dem letzten Tageslicht erreiche ich den MacKerricher State Park. Für Hiker und Biker gibt es hier kein abgetrenntes Areal sondern zwei reguläre *campsites*, die wir exklusiv nutzen dürfen. Das Wasser schmeckt ungenießbar nach Chlor. Es ist kalt, neblig und

feucht. *June gloom* nennen sie das, wenn es selbst im Sommer nicht richtig warm wird, weil der Küstennebel die Sonne blockt. Das Wetterphänomen tritt nicht nur im Juni auf, sondern immer dann, wenn Stratuswolken sich über dem Meer formieren und vom Wind an die Westküste geblasen werden. Verantwortlich ist eine Inversionswetterlage über dem kalten Pazifik, die von April bis weit in den Sommer für depressive Kühle sorgen kann. Entsprechend kreativ sind dann die Bezeichnungen: *Graypril*, *May Gray*, *No-Sky July* und *Fogust*.

Albert Hammond hat ja 1972 behauptet, *It never rains in Southern California*. Mag sein, dass das damals noch halbwegs gestimmt hat. Durch den Klimawandel wird ganz Kalifornien aber inzwischen von immer heftigeren Sintfluten heimgesucht, die zu Überschwemmungen und Erdrutschen führen, auch mit Folgen für die Traumstraße. Mehr dazu an anderer Stelle. Der *gloom* ist

zwar in der Regel nicht mit Regen kombiniert, aber als nieseliger Nebel kann er ganz schön aufs Gemüt drücken, besonders dann, wenn die Sonne es selbst entgegen aller Prognosen nicht schafft, ihn bis zum Mittag aufzulösen. Dann sind statt Bikini und Badeshorts Daunenjacke und Fleecemütze angesagt. Von wegen *sunny California*! Wenn es ganz doof läuft, kann der *gloom* sogar zum *summer bummer* werden und die komplette Touristensaison vermiesen. Genug vom Depri-Wetter, den Alliterationen und Schüttelreimen, morgen ist es bestimmt besser, hoffe ich. Dann kann ich auch endlich duschen. Der *campground host* hat für heute schon Feierabend gemacht. Und nur bei ihm gibt's die begehrten Duschmünzen.

Oase der Vernunft. Anwohner von Port Aransas mit klaren Botschaften an Extremisten.

Nervige Besserwisser

»Ich nehme ja ausschließlich WD-40!«, sagt Timothy, als ich meine Kette am nächsten Morgen öle. Timothy und seine Frau haben neben mir campiert. Die beiden sind Bike-Veteranen, waren mit ihren Rädern schon überall. »Und das hier ist mein Handtuch.« Es folgt eine gestenreiche Demonstration der Vorteile des papierblattgroßen Lumpens in verblichenem Orange. »Hab' ich auf der Straße gefunden, den Dreck ausgeschüttelt und jetzt ist es mein Handtuch nach dem Duschen und der Lappen, mit dem ich unser Zelt morgens trockenwische.« Ihr Zelt ist kaum größer als meines. »Wir sparen Gewicht, wo wir können«, wirft er mir fast vorwurfsvoll an den Kopf und blickt dann verachtend erst auf mein strandtuchgroßes Mikrofaserhandtuch und dann auf den kleinen Zelthammer aus Plastik, den ich stets im Gepäck habe, weil ich es irgendwann leid war, meine Heringe mit einem Stein oder meinem Schuh krumm in den betonharten Boden zu schlagen.

Pinselstriche in der Meeresbrise.
Pam findet ihre Motive direkt an der Küste.

Warum haben manche Menschen das Bedürfnis, sich ständig lauthals damit zu brüsten wie viel toller, erfahrener, effizienter oder schlauer sie vermeintlich sind? Wenn sie sich danach besser fühlen, *be my guest.* Zum Glück brechen Timothy und Frau schon gegen 8 Uhr auf und ich kann den Rest des Morgens in Ruhe verbringen und entspannt zusammenpacken. Mein Rhythmus scheint sich ohnehin von dem vieler anderer Radfahrer zu unterscheiden. Die meisten wollen ihr Tagesziel möglichst früh erreichen und dann den Rest des Tages dort genießen. Für mich dreht sich alles um den Morgen, er ist für mich die schönste Zeit des Tages, nicht nur, aber auch wegen des Frühstücks. Ich will den Tag einfach nicht gehetzt beginnen. Außerdem würde ich wahrscheinlich selbst bei einem frühen Aufbruch nicht vorzeitig stoppen, sondern den ganzen Tag zum Radeln ausnutzen, damit ich bloß kein wertvolles Tageslicht verschwende.

Vermutlich liegt das auch an meinem Biorhythmus. Morgens bin ich meist kreativer, am Nachmittag aber läuft der Körper zu Hochform auf. Wobei der gerade ganz schön zickt, allen voran das rechte Knie. Statt Ibu gegen die Entzündung verordne ich mir die Szenerie zur Ablenkung. Und die ist heute wieder grandios.

Küstenmaler und balzende Frösche

Bei Rückenwind wirkt die Küste gleich noch mal so atemberaubend. Weites, rollendes Farmland, Eukalyptusalleen, Redwoodhaine, kristallklare Flüsse, die in den türkisfarbenen Ozean fließen. Und *million dollar homes* auf schroffen Küstenklippen mit eigenem Sandstrand und unverbauten *billion dollar views* aufs Meer. Die Architektur der Häuser spiegelt die Individualität der Besitzer wider. Viel verwittertes Holz, rustikale Dachziegel, Kuppelbauten, Türmchen, umlaufende Verandas. Einen Code, eine Bauverordnung gibt's hier nicht. *It's the land of the free, after all!* Vielleicht ist das der schönste Abschnitt des Highway 1, denke ich, obwohl Big Sur noch kommen wird. Hier könnte ich leben, in einer der kleinen Künstlersiedlungen am Meer, träume ich und weiß, dass es ein unerfüllter Traum bleiben wird. Denn auch wenn manche Anwesen schlicht wirken, kosten sie sicher zweistellige Millionen. Und wer würde sowas hier schon verkaufen wollen.

»Wir haben ungefähr 15 Grad, eine leichte Brise. Die Brandung rollt sanft heran, in einem wunderschönen Meeresgrün, das ins Kobaltblau übergeht, da, wo der Himmel am Horizont mit dem Ozean verschmilzt.« Pam ist begeistert. Sie drückt dicke Farbpaste

Wenn der Himmel brennt. Bei Sonnenuntergang zeigt sich der Golden State von seiner farbenprächtigsten Seite.

aus einer Tube auf ihren kleinen Spatel. Im nächsten Moment verteilt sie das Weiß schwungvoll auf der Leinwand, die auf einem Holzstativ vor ihr auf dem klappbaren Campingtisch steht. »Das Weiße da auf den Felsen sind Pelikane.« Und die versucht sie jetzt gekonnt in Szene zu setzen, wie auf dem Original, dem Felsen vor uns im Meer. Wir stehen am Rand einer Klippe, mit freier Sicht soweit das Auge blicken kann.

Seit dem Tod ihrer Mutter vor ein paar Jahren kommt Pam regelmäßig zum Malen an die Küste. Sie stammt aus der Bay Area bei San Francisco, hat früher Montessori-Schulen geleitet und Blumen für Hochzeiten dekoriert. Jetzt, mit 76, kann sie endlich malen. »Wenn ich mir die Bilder später anschaue, kann ich wieder riechen, schmecken und fühlen, wie es in dem Moment war, als ich sie gemalt habe. Diese Erfahrung werde ich niemals vergessen«, sagt Pam. »Am liebsten male ich, was alt ist und zerfällt, so wie ich.« Alte Scheunen zum Beispiel. Und das Meer natürlich, die Küste. Wenn sie fertig ist mit Malen, so in drei, vier Stunden, packt Pam alles wieder in »Goldilocks«, ihr 1988er Chevy-Wohnmobil, und zieht weiter.

Der Einser heißt jetzt Shoreline Highway. In Gualala kaufe ich fürs Dinner fertige Ribs und Kartoffelsalat und radle weiter an den Ortsrand zum County Park. Für fünf Dollar bekomme ich einen tollen Platz unter dichtem Blätterdach, direkt am Gualala River. Die Frösche balzen lauthals im Unterholz. Während ich entlade, versucht ein Waschbär mein Abendessen zu klauen, das ich voreilig auf den schweren Holztisch am *hiker biker camp* gelegt hatte. Gerade noch rechtzeitig vertreibe ich den Dieb. Die nahe Meeresbrandung lullt mich später in den Schlaf. *Life is good!*, denke ich, ohne zu ahnen, wie krass sich das am nächsten Tag ändern wird.

Das Ende der Tour?

Es passiert, was nicht passieren darf. Am Vormittag hatte es sich angedeutet, aber ich konnte es noch verdrängen. Jetzt geht das nicht mehr. Mein rechtes, ohnehin lädiertes Knie gibt auf. Ein Schmerz außen, als ob jemand ein Messer ins Gelenk rammt. Ganz plötzlich und anders als die Spannung und Schwellung, die ich schon als Normalzustand akzeptiert hatte. Ich kann nicht weiter in die Pedale treten. Und das ausgerechnet im Anstieg zum höchsten Berg des Tages, im augenscheinlich einsamsten Küstenabschnitt. Fuck. Das ist mir auf all meinen Reisen und Abenteuern noch nie passiert, dass der Körper mich im Stich lässt. Völlig frustriert hocke ich mich an die Leitplanke neben der Straße, starre aufs Meer, ohne wirklich wahrzunehmen, was ich da sehe, und stopfe gedankenlos den Restproviant in meinen Mund. Bananen, einen Riegel und trockene Cornflakes. Nach einer lethargischen Viertelstunde raffe ich mich wieder auf. Vielleicht hat die kurze Pause ja gereicht und ich kann doch weiterfahren, träume ich. Der Traum platzt schon nach der ersten Kurbelumdrehung. Also schiebe ich das Rad humpelnd den Rest des Berges hinauf.

Auf dem Gipfel schwinge ich mich wieder auf den Sattel und rolle ohne zu treten ins Tal bis nach Jenner, ein Touristennest an der Mündung des Russian River. In der Tankstelle bekomme ich ein kleines Döschen Ibuprofen und werfe gleich die ersten Tabletten ein. Nur einen Moment später kehrt das Glück unerwartet zurück ins Unglück. Zwei ältere Ladies bewundern mein Rad, als ich über die Straße humple. Wir kommen ins Gespräch. Zehn Minuten später sitze ich im Auto von Laura und Donna. Sie nehmen mich mit nach Bodega Bay, zehn Meilen auf dem Shoreline Highway nach Süden, wo ich mich auf dem *hiker biker site* einquartiere, in der Hoffnung auf Besserung durch die Medikamente – oder ein Wunder.

Als das Zelt steht, futtere ich erst mal weiter. Ein mir vertrauter, fast schon krankhafter Reflex, Stress zu kompensieren: Frustfressen. Den neuen Proviant habe ich mit Laura und Donna vorhin noch im Ort völlig überteuert eingekauft. Anschließend wasche ich die Radklamotten im Waschbecken des Toilettenhäuschens und stelle fest, dass ich mein Rücklicht wohl im Kofferraum liegengelassen habe. Nicht dramatisch, aber ärgerlich in meiner gerade ziemlich angespannten Gemütslage. Ich überschlage: 1400 Kilometer in 14 Tagen, eigentlich bisher alles im Plan. Rad ohne Pannen, Fitness in Topform, Rückenwind. Und jetzt das. Es fällt mir schwer, die neue Situation zu akzeptieren, ich zermartere mir das Hirn mit Fragen, auf die es im Moment keine Antworten gibt. Wird das Knie sich erholen? Wie lange wird es dauern? Was, wenn nicht? Der Gedanke, dass ich hier mehr als eine Nacht verbringen muss, festhänge bei nicht mal Halbzeit, ist schon jetzt unerträglich. Ich nehme noch eine Pille und lege mich ins Zelt.

Zwangspause bei Alfred Hitchcocks Vögeln

Ich sitze im warmen Sand am Strand. Nur eine Handvoll Familien trotzt dem kalten Wind. Die Brandung tost, während die Wellen mit ihren weißen Schaumkronen unnachgiebig ans Land klatschen.

Ein blauer Drachen in Walform tanzt im Wind. Möwen staksen durch den Sand, auf der Suche nach Essenresten. Ein Vater gräbt für seinen Sohn ein Loch in den Strand. Im Norden hüllt Nebel die Küstenberge ein, da, wo ich gestern nicht mehr weiterfahren konnte. Ich bin traurig, fühle mich miserabel. Nur langsam klettert die Sonne hinter den hohen Bäumen empor. Ich muss fast elf Stunden geschlafen haben und bin trotzdem wie gerädert. Nach dem Frühstück will ich einen Testritt in den Ort probieren und danach entscheiden, ob ich noch einen Tag pausiere oder die Weiterfahrt versuche. Geduld und Resilienz sind gefragt. Nicht meine liebsten Tugenden.

Die ein, zwei Kilometer ins Zentrum schaffe ich mit dem Rad, aber weiter geht es heute sicher nicht. Stundenlang hocke ich im Coffeeshop, esse teure Croissants und lasse mir von Mick, dem Besitzer, einen Honig-Hanf-Latte aufschwatzen, der genauso scheußlich schmeckt wie die künstliche Pistazieneiscreme, die er mir später noch in der Tüte verkauft. Mick erzählt mir, dass er mit seiner Familie auf einem zehn Meter kleinen Boot im Hafen lebt. Ein Haus kann er sich bei den Preisen in Bodega Bay nicht leisten. Der Ort ist begehrt und bekannt: Alfred Hitchcock hat hier 1963 seinen Klassiker *Die Vögel* gedreht. Von diesem Ruhm zehrt das kleine Fischerstädtchen auch 60 Jahre später noch.

Als Vorlage für den Film diente die Kurzgeschichte der englischen Autorin Daphne du Maurier, die ein Jahrzehnt zuvor veröffentlicht worden war. Im August 1961, mitten in Hitchcocks Vorbereitungen zu den Dreharbeiten, wurde die Fiktion von der Realität eingeholt. Damals donnerten Horden von Sturmvögeln in Capitola bei Santa Cruz, 250 Radkilometer südlich von Bodega Bay, in Häuser, Autos und auf die Straßen und verendeten. Erst Jahrzehnte später stellte sich der Grund heraus: Domoinsäure, ein von Algen gebildetes Neurotoxin, das über die Nahrungskette in die Vögel gelangte. Die Sturmvögel sollen damit verseuchte Sardellen gefressen haben. Schauriger Gedanke, zumal ich da auch noch hin will, nach Capitola, wenn mein Knie mitmacht. Zwei Tage sind das Maximum auf dem *hiker biker site*. Also werde ich es morgen versuchen. Vielleicht reite ich nachher noch mal zum Coffeeshop, logge mich ins WiFi und streame ein paar Shows auf dem iPad. Garantiert keine Gruselthriller.

Rails to Trails. In Fort Bragg führt die Route über eine alte Bahntrasse.

Wo das Mountainbiken geboren wurde

Der Tag ist perfekt. Das Wetter, der Rückenwind, die Szenerie. Und das Knie hält auch, dank weiterer Pillen. Knapp 70 Kilometer schaffe ich, zwinge mich, bei Steigungen nicht aus dem Sattel zu gehen, sondern im Sitzen zu kurbeln und dabei bewusst die Vorteile der Klickbindung zu nutzen und mehr zu ziehen als zu treten, in der Hoffnung, das Knie so zu entlasten. Es scheint zu funktionieren, vorläufig. Ich erreiche mein Tagesziel, den Samuel P. Taylor State Park vor den Toren von San Francisco, schon am Nachmittag. Memory Lane. 2004 hatte ich auch hier gezeltet und war begeistert von den massigen Redwoods, die ich so weit im Süden gar nicht erwartet hatte. Beim Einchecken am Gate drückt der Ranger mir dieses Mal vier kleine Wasserflaschen in die Hand. Das Wasser im Park ist abgestellt, wegen der Dürre und Reparaturarbeiten.

Nicht weit weg von Samuel P. Taylor liegt ein zweiter *state park*, der für die Radwelt gelobtes Land ist: Mount Tamalpais. Straßenradler werden bei dem Namen vielleicht nicht sofort feuchte Augen kriegen, aber jeder Mountainbiker, der was auf sich hält, weiß natürlich, dass es ohne diesen Berg, der eigentlich nur ein nicht mal 800 Meter hoher Hügel ist, seinen Sport wahrscheinlich gar nicht geben würde. Mount Tamalpais gilt als die Geburtsstätte des Mountainbikens. »Der Berg war alles, was wir kannten, er war unser Leben!«, schwärmt Marc Vendetti, einer der Pioniere, die in den frühen 1970er-Jahren mit alten Schwinn-Rädern und dicken Ballonreifen die Pisten runterbretterten. »Der Berg war einfach immer da. Von unserer Schule aus, der Redwood High, haben wir ihn gesehen. Und er hat uns gelockt: Komm und fahr auf mir.« Marc und seine Freunde wurden die »Larkspur Canyon Gang«.

Ihre Begeisterung fürs Offroadfahren übertrug sich schnell auf Straßenrennfahrer des örtlichen »Velo Club Tamalpais«. »Ich bin mit meinem Mountainbike immer zu den Vereinstreffen gefahren«, erzählt Marc. »Die hatten damals nicht den blassesten Schimmer vom Mountainbiken.« Aber die Rennfahrer brachten ihre Ideen mit ein, um die Räder besser zu machen. Die ersten Rennen wurden organisiert, die »Repack Race Series« entstand. »Repack«, weil die ursprünglichen Rücktrittbremsen bei jedem Downhill-Rennen so strapaziert wurden, dass sie neu geschmiert werden mussten. »Ich hatte einfach das Glück, einer der Ersten gewesen zu sein, der die Welle damals geritten ist«, sagt Marc. Das klingt bescheiden für einen der Gründerväter des Mountainbikens. Aber Marc betont, dass es von Anfang an ein weltweites Phänomen war und die Wurzeln viel weiter zurückreichten.

Ende des 19. Jahrhunderts, das moderne Fahrrad war gerade erst erfunden, experimentierte die US-Army schon damit und gründete das »25th Infantry Regiment Bicycle Corps«. Anfangs bestand es aus acht afroamerikanischen Soldaten, die in Missoula, Montana, trainiert wurden. Mit ihren Spalding-Eingangrädern machten sie sich im August 1896 auf zu einen Testritt durch die Rocky Mountains zum Yellowstone Nationalpark und zurück. Die 800-Meilen-Tour lief offenbar so gut, dass das Corps nur ein Jahr darauf, jetzt auf etwa 20 Radsoldaten erweitert, von Missoula aus nach St. Louis startete. 1900 Meilen und 41 Tage später erreichten sie ihr Ziel – und durften dieses Mal den Zug zurück nach Montana nehmen.

Klingt wie ein ziemlich lässiger Bikepackingtrip und wäre heute, in Zeiten von asphaltierten Highways, Warmshowers, Carbonrahmen und Elektronikschaltung, eine echt coole Tour. Aber damals kämpfte die Truppe neben der schlechten Übersetzung ihrer Fixies mit verschlammten Pisten, zugeschneiten Bergpässen und auch sonst meist unwegsamem Gelände – kurzum dem klassischen Revier für ein richtig gutes Mountainbike! 70 Jahre später waren die Räder von Marc und seinen Kumpels zwar etwas komfortabler, hatten aber auch nur einen Gang, Rücktrittbremse und erinnerten insgesamt eher an einen Beachcruiser als ein Crossbike. »Aber das Interesse war damals so groß, dass es sich schnell entwickelte und zu einem völlig neuen Sport wurde, der plötzlich für Aufmerksamkeit in der ganzen Welt sorgte«, sagt Marc.

Das Leben ist wie ein Fahrrad ...

Diese und andere Geschichten werden im Marin Museum of Bicycling in Fairfax erzählt, keine halbe Radstunde von meinem Camp im *state park* entfernt. Marc hat das Museum mitgegründet, sitzt im Vorstand und führt mich durch den Ausstellungsraum, der früher ein Supermarkt war. Mehr als 150 Räder umfasst die Sammlung, dazu Schaukästen, historische Fotos und natürlich Infos zur Bedeutung von Marin County mit dem Mount Tamalpais. »Der erste Mountainbike-Laden der Welt wurde hier eröffnet, und der zweite und dritte«, erzählt Marc. »Das und andere Faktoren haben dazu geführt, dass Marin County heute bekannt ist als Ursprung des Mountainbikens.«

Der Virus, der vor über 50 Jahren zu einer Revolution in der Radwelt führte, hat mich bisher weitgehend verschont. Es ist mir ein Rätsel, wie man auf einem schmalen, steinigen, von Wurzeln übersäten Pfad in halsbrecherischem Tempo zu Tal stürzt, ohne dass die Geschwindigkeit zwangsläufig genau dazu führt, sich eben den Hals zu brechen. Ich bin ein Schisser und trotze lieber stoisch den Gefahren des Straßenverkehrs auf mehr oder minder glatt asphaltierten Highways. Und ignoriere die eindeutige Statistik zu tödlich verunglückten Radfahrern im Straßenverkehr.

»Mountainbiken ist körperlich, es ist spirituell, es ist ein Lifestyle und wird ein Teil von dir«, sagt Marc. »Man kann die Natur genießen, trainieren und dabei eine Menge Spaß haben. Es ist nicht nur gut für Herz und Körper, man schärft auch die Konzentration und entwickelt die Fähigkeit, schnell zu denken.« Da ist was dran. Und der Boom des Gravelbikens zeigt ja, dass man sich die Natur auch abseits der Straßen und ohne allzu große technische Skills erfahren kann.

Am Morgen verabschiede ich mich von den vier anderen Bikern, die mit mir im Park campiert haben. Für Brian ist es der Beginn seiner Amerika-Durchquerung von Kalifornien bis Maryland. Zwei Monate Zeit hat er. Er zeigt uns sein Tagebuch, in Kunstleder gebunden und verziert mit einem Rad und einem Motto: »Das Leben ist wie ein Fahrrad. Um die Balance zu halten musst du dich bewegen.«

Allein mit düsteren Gedanken.
Als mein Knie aufgibt, hadere ich mit dem Schicksal.

California
Central Coast

Wilde Küste und große Träume

Die Golden Gate. Tor. Brücke. Symbol. Für goldene Zeiten im Westen. Im Januar 1933 begannen die Bauarbeiten, mitten in der »Großen Depression«. Mehr als vier Jahre dauerten sie. Damals ein modernes Weltwunder. Ihre Anziehungskraft hat die Golden Gate Bridge bis heute nicht verloren, jährlich zehn Millionen Besucher, 40 Millionen Autos. Sie ist nicht nur ein monumentales Bauwerk. Sie ist eine Verheißung für eine bessere Zukunft. Nur selten spannt sie sich rot strahlend in den klaren kalifornischen Himmel. Küstennebel und Wolken verhüllen sie häufig. Umso dankbarer bin ich für die ungetrübte Sicht. Die Golden Gate spielt ihre ganze Magie aus. Der Blick schweift zum Horizont, wo die Stadt liegt. Dahinter die von der Sonne verbrannten Hügel des Küstengebirges. Davor das mystische Blau des Ozeans. Musik im Ohr. Unbeschwert. Sehnsüchtig. Im warmen Licht der untergehenden Sonne. Träume leben. Die Welt ist gut. In diesem Moment.

Angesichts der Wucht ihrer Wirkung scheint es schwer vorstellbar, dass es auch mal eine Welt ohne die Golden Gate gegeben hat. Das mag auch daran liegen, dass mittlerweile der Großteil der Weltbevölkerung erst nach ihrer Eröffnung geboren wurde. Einzig die Freiheitsstatue in New York hat einen ähnlichen Status und Anspruch auf Amerikas Wahrzeichen.

Die Dimensionen der Golden Gate sind selbst heute noch beeindruckend. 2,7 Kilometer lang, knapp die Hälfte schwingt in fast 70 Meter Höhe über der Meerenge zwischen Pazifik und San Francisco Bay. Gehalten wird die Brücke von 250 vertikalen Trägern, die an zwei rund einen Meter dicken Stahlseilen hängen. Die bestehen aus 27 000 Einzeldrähten. Die beiden Türme, über die die Stahlseile laufen, werden von jeweils 600 000 Nieten zusammengehalten. Baukosten gut 35 Millionen Dollar, was heute ungefähr einer

---

Big Sur – wo der Highway zum Mythos wird. Es ist der meistbesuchte Abschnitt an der gesamten Westküste.

halben Milliarde entspricht. Autofahrer müssen Maut zahlen, um die Ausgaben für Bau, Reparatur und Instandhaltung wieder reinzuholen. Anfangs kostete eine Fahrt 50 Cent, heute knapp 10 Dollar, was unter Berücksichtigung der Inflation in etwa der gleiche Betrag ist. Dafür können Fußgänger und Radfahrer kostenlos queren, auf eigenen Spuren. 11 Menschen kamen bei den Bauarbeiten durch Stürze ums Leben, 19 weitere wurden von den extra gespannten Sicherheitsnetzen aufgefangen und gründeten danach mit einer gehörigen Portion Galgenhumor den »Halfway to Hell Club«.

Genug der Zahlen, aber ein Wort noch zur markanten Farbe. »International Orange« heißt sie offiziell, eine Mischung aus Rostrot und Orange, ausgewählt von einem der beteiligten Baumeister, obwohl die Navy angeblich lieber gelbe Streifen auf schwarzem Grund gehabt hätte, der noch besseren Sichtbarkeit und Sicherheit zuliebe. Dass die Farbe kontinuierlich erneuert wird, ist hinlänglich bekannt, nur so werden die Stahlteile zuverlässig gegen Korrosion geschützt. 50 Arbeiter und Anstreicher kämpfen das ganze Jahr über gegen den Rost, in schwindelerregender Höhe, bei dichtem Nebel und Wind. Und mit der weltweit besten Aussicht am Arbeitsplatz. Ein Tipp noch für Heimwerker: Wer seine Teichbrücke im Garten in der gleichen Farbe wie die Golden Gate streichen möchte, jeder Baumarkt kann die Farbe mixen. Hier ist die Formel nach dem CMYK-Modell: Cyan 0 %, Magenta 69 %, Gelb 100 %, Schwarz: 6 %. *Happy Painting!*

Im Zuckerschock zur »Surf City«

Sieben Muffins, vier Candy Bars, zwei Bagel, mehrere Bananen und ein großer Kaffee am späten Nachmittag treiben mich nicht nur über die Brücke, sondern vorbei an San Francisco bis nach Half Moon Bay. Die City lasse ich dieses Mal links liegen. Nicht nur wegen der Überdosis Zucker, die das Hirn Amok laufen läßt. Große Städte sind stressig auf zwei Rädern, selbst wenn es wie in San Francisco jede Menge Radwege oder zumindest Streifen gibt. Gefahren lauern an jeder Straßenkreuzung, meist in Form von unachtsamen, überforderten oder einfach nur asozialen Autofahrern, die es eilig haben, abgelenkt ins Handy tippen und dabei allen Anstand und Respekt verlieren. Wortgefechte arten schnell in Handgreiflichkeiten oder mehr aus. Und wer den Straßendschungel überlebt, riskiert bei jedem Einkauf im Supermarkt, Teile der Ausrüstung oder gleich das ganze Rad zu verlieren, trotz massivem Kettenschloss. Ja, ich

übertreibe gewaltig, aber mein Urvertrauen ist vor ein paar Jahren in den Grundfesten erschüttert worden, als mein Rad, obwohl verschlossen, vor einem Gym im Valley bei Los Angeles geklaut wurde. Und die lautstarken Auseinandersetzungen mit rücksichtslosen Straßenrowdys sind tatsächlich mehr Realität als Fiktion.

Die Radroute führt ganz im Westen von San Francisco, weit weg von der Innenstadt, zum Great Highway. In den 1950er- und 60er-Jahren war das einer der Hotspots für spontane Autorennen von halbstarken Teenagern in ihren gepimpten Hot Rods. Später verkleinerte man die Straße von acht auf vier Spuren. Und mittlerweile wird sie sogar immer häufiger ganz für den Autoverkehr gesperrt. Der Great Highway verläuft für knapp sechs kurze Kilometer parallel zum Strand, von dem Sand fast permanent und ungebremst auf die Straße geblasen wird. Ich muss absteigen, weil sich auf dem Asphalt vor mir eine regelrechte Dünenlandschaft türmt. Gischt und Rauch von Waldbränden blocken die Sonne und sorgen für eine apokalyptische Szenerie auf dem fast verwaisten Highway.

»Painted Ladies« und Skyscraper in der Innenstadt. San Francisco hat viele ikonenhafte Ecken.

Den Schmerz im Knie habe ich heute mit vier weiteren Pillen betäubt. Es bleibt ein Eiertanz. Wie lange er wohl noch gut geht? Mittlerweile teile ich meine Bedenken bei jeder Gelegenheit in Telefonaten mit der Familie zu Hause, Freunden in Amerika und zufälligen Bekanntschaften an der Straße. So kann ich die Last der Ungewissheit auf viele Schultern verteilen, und die Empathie der anderen tut gut. Am Ende des Tages aber bin ich es allein, der mit einem lädierten Knie vom Rad steigt und sich im Zelt das Hirn über eine mögliche Lösung zermartert.

Spätestens bei Santa Cruz erreiche ich die Central Coast von Kalifornien. Grob erstreckt sie sich von hier über gut 500 Kilometer bis Santa Barbara im Süden. Für viele ist dieser Abschnitt die Essenz des Highway 1. Monterey, Carmel, Big Sur. Klingende Namen, Traumlandschaften. Das Salinas Valley im Landesinneren gilt als »Salad Bowl of the World«, weil hier eines der fruchtbarsten Anbaugebiete für Salat, Gemüse und Obst liegt. Santa Cruz ist ein ziemlicher Irrgarten für Radfahrer. Der Einser wird zum Freeway,

Hauptsache bunt. Am Strand von Santa Cruz wohnt es sich stylish.

einer Autobahn, auf der wir nicht fahren dürfen, eine Umleitung ist nur bruchstückhaft oder gar nicht beschildert. Und so ende ich ratlos in den Gassen, bis Harry mir aus der Patsche hilft und auf seinem Rad den Weg durch die Hügel weist.

»Surf City« ist einer der Spitznamen von Santa Cruz, die Monterey Bay bietet optimale Bedingungen für Wellenreiter. Zuletzt hat es deswegen immer wieder rechtliche Streitereien mit Huntington Beach in Südkalifornien gegeben, das diesen Titel ebenfalls für sich beansprucht und in seinen Marketingkampagnen sehr offensiv bewirbt. Santa Cruz lebt vom Image als hippe Stadt am Meer, die University of California hat einen großen Campus hier und viele Tech-Firmen ihren Sitz, Silicon Valley ist keine Autostunde entfernt. Kalifornien, das Land der Visionäre und Vorreiter, vielleicht auch wegen des sonnigen Klimas.

Vom Carbon-Pionier zum Bambus-Guru

»Die Westküste hat besseres Wetter fürs Radfahren. Also habe ich meinen Van einmal quer durchs Land gefahren«, sagt Craig Calfee. Er ist einer der großen Pioniere der Radszene, hat eine ganze Industrie mit seinen Carbonrahmen revolutioniert. Ich treffe ihn auf dem Firmengelände von Calfee Designs, direkt am Meer, auf dem Areal einer ehemaligen Militärbasis südlich von Santa Cruz. Eine alte Halle dient inzwischen als Lager, Werkstatt und Office. Craigs Geschichte schreit förmlich nach einer Hollywood-Verfilmung: Vagabund, Matrose, Bootsbauer, Carbon-Pionier. Los ging's, als der Rahmen seines billigen Schwinn-Bikes in Boston bei einer Kollision mit einem Chevrolet Camaro kaputtging. 1987 war das, und Craig arbeitete damals in einer Werkstatt an Renn-Ruderbooten und Hightech-Kajaks aus Carbon. Weil er sich keinen neuen Rahmen leisten konnte, entschied er sich, einfach selbst einen zu bauen, aus Carbon, dem Material, das er vom Job kannte. Das Wissen las er sich an, experimentierte und war am Ende so angefixt, dass er an die Westküste zog, um fortan Räder zu designen.

Der Durchbruch kam 1991, als Tour-de-France-Sieger Greg Lemond bei Craig anklopfte. Der war nicht zufrieden mit seinen bisherigen Carbonrädern und bat Craig, ein neues zu konzipieren. Greg bestellte Räder für sein ganzes Team und fuhr damit im Gelben Trikot durch die Alpen. Und auch wenn er am Ende seinen Titel damit nicht verteidigen konnte, seine Begeisterung für das Rad war die beste Werbung für Craigs noch junges Business.

Ich bin aber nicht deswegen hier, sondern weil Craig Jahre später noch mal die Vorreiterrolle übernommen hat, mit Rahmen aus einem ganz anderen, außergewöhnlichen Material: Bambus. »Wir wollten ein besonderes Rad für eine Messe haben, das für Aufmerksamkeit sorgen sollte«, sagt Craig. Was als Werbegag begann, entwickelte sich bald zu einem echten Verkaufsschlager. Denn Bambus stellte sich als ideal für die Herstellung von Fahrradrahmen heraus. »Es ist weicher als Carbon, es absorbiert Vibrationen sehr gut, fühlt sich prima an und ist ein echter Stimmungsaufheller«, meint Craig. Radfahren auf einem Bambusbike mache einfach Spaß.

Er nimmt mich mit die Treppe rauf in den ersten Stock. Im Aufgang hängen seine Prototypen an der Wand. »Am Anfang haben wir die Bambusrohre noch mit Carbonfasern umwickelt, um sie zusammenzuhalten. Mittlerweile nutzen wir natürliche Fasern wie Hanf.« Die werden in Harz getränkt und sind dann nahezu unkaputtbar. Den Bambus bekommt Craig von einer Baumschule in der Nähe. Die Rohre werden zusätzlich von innen mit einer Lage Carbon laminiert. Das macht den Rahmen stabiler, steifer und extrem leicht.

Craig Calfee gilt als Bambus-Guru.
Seine Fahrradrahmen sind stylish, leicht und begehrt.

Manche wiegen keine drei Pfund. 3000 Dollar kann er kosten, nackt, mit Komponenten müssen Craigs Kunden bis zu 10 000 Dollar für ein fertiges Bambusrad auf den Tisch legen. Da braucht es besondere Kunden. »Sie müssen ein bisschen exzentrisch sein, klassische *early adopter*«, sagt Craig, also Typen, die für neue Technologien extrem aufgeschlossen sind. »Und sie müssen auf eine gewisse Weise erfolgreich sein, um sich so ein Rad überhaupt leisten zu können. Viele arbeiten kreativ.« Brad Pitt und Angelina Jolie zum Beispiel, sie haben mal gleich sechs Bambusräder bei Craig gekauft, als sie noch zusammen waren, und an Weihnachten verschenkt.

Aber es geht auch günstiger. Craig hat vor Jahren ein Start-up-Projekt in Afrika initiiert. Sein Ansatz: Bambus wächst dort in Hülle und Fülle, viele Menschen sind mit Rädern unterwegs und viele suchen Arbeit. Das Projekt ist inzwischen gewachsen und Craig vertreibt die Gravel- und City-Bikes aus Ghana für erstaunlich erschwingliche 1400 bis 1600 Dollar. Insgesamt liegt der Bambusanteil bei Calfee Design bei etwa 20 Prozent, Craig bleibt auch weiterhin der »King of Carbon«. »Das moderne Fahrrad gibt es jetzt seit 150 Jahren. In keine andere Erfindung wurde wahrscheinlich so viel Zeit investiert, um sie zu verbessern. Es ist also eine echte Herausforderung, da noch was Neues beizutragen. Mit Carbon ist mir

Die Bambusrohre werden von innen mit Carbon laminiert, damit sie noch stabiler sind.

Das Wahrzeichen des Pacific Coast Highway.
Die Bixby Bridge ist wahrscheinlich die meistfotografierte Brücke.

das gelungen, wir konnten damit einzigartige Rahmengeometrien entwickeln. Und mit Bambus dann noch mal. Rohre, die aus der Erde wachsen. Es ist toll zu beobachten, wie sich daraus ein Trend entwickelt hat.«

Wo »Dirty Harry« Bürgermeister war

Mexikanische Musik aus dem Radio zum Frühstück. Vielleicht auch aus einem USB-Lautsprecher vom Feld auf der anderen Seite des Zauns. Die Erntehelfer nebenan haben früh begonnen: Die Erdbeeren sind reif. Ich starte am späten Vormittag mit Sonne. Die Küste zeigt sich von ihrer Postkartenseite. Ein Traum – wäre da nicht immer wieder das Knie. Patrick will mir helfen. Ich treffe ihn auf dem Radweg nach Monterey. Er macht einen Kurztrip mit dem Bike, nur ein paar Tage, hat gerade erst begonnen und bietet mir eine Creme mit Cannabisöl fürs Knie an, und für die Seele einen Protein-Riegel und ein Fruchtgel. Vielleicht wäre es andersrum

Call of the wild.
Ein Seeelefantenbulle inmitten seines Harems.

effektiver? Über *farm roads* quere ich riesige Felder, wo die Pflücker sich mit breitkrempigen Strohhüten und mehreren Lagen Kleidung gegen die Sonne schützen. Außer den dunklen Gesichtern ist kein Flecken Haut zu sehen.

»Zehn Avocados für einen Dollar.« Die Schilder am Straßenrand klingen verlockend, aber ich will so wenig wie möglich Gewicht am Rad haben, wenn ich bald den langen Anstieg in die Küstenberge in Angriff nehme. Die Galerien, Läden und Restaurants von Carmel-by-the-Sea lasse ich auch rechts liegen. *Where Everyday is a Work of Art.* Clint Eastwood hat Ende der 1980er-Jahre als Bürgermeister hier moderate Schlagzeilen gemacht. Lange zuvor schon hatten Carmel und die Küste Kreative angezogen. Musiker, Maler, Bildhauer und Schriftsteller wie Jack London, Mary Austin und George Sterling gehörten zur Künstlergemeinde, die hier Anfang des 20. Jahrhunderts Zuflucht suchte und mit offenen Armen empfangen wurde, nachdem das große Beben von 1906 ihre alte Heimat San Francisco zu einem großen Teil zerstört hatte.

Mir ist aber gerade weder nach Kunst noch Shoppen. Und auch beim 17-Mile-Drive, der legendären Küstenstraße, passe ich, obwohl der für Radfahrer im Gegensatz zu Autos kostenlos ist und die Lone Cypress, der wahrscheinlich berühmteste und meistfotografierte Baum Kaliforniens, einen Stopp wert wäre. Doch ich will lieber gleich zum spektakulärsten Abschnitt der gesamten Reise: Big Sur.

Der Highway 1 wird zur Ikone

Big Sur ist keine Stadt, sondern ein Gefühl, ein Vibe, ein Symbol für Wildnis, Freiheit, Unabhängigkeit. Das liegt auch daran, dass dieser Küstenteil schwer zugänglich und kaum besiedelt ist. 2000 Menschen leben hier. Der restriktive Big Sur Local Coastal Plan soll dafür sorgen, dass das so bleibt. Big Sur ist der grandioseste Abschnitt an der gesamten Westküste, gut 100 Kilometer lang. Nirgendwo sonst wurde der Highway 1 so oft fotografiert und abgefilmt, für TV-Shows, Blockbuster und vor allem Autowerbung. Eng schmiegt er sich an die Küste, windet sich durch die Klippen, quert Schluchten über historische Brücken, allen voran die Bixby, erbaut Anfang der 1930er-Jahre und sowas wie das Wahrzeichen des Pacific Coast Highway. Und der wird in diesem Abschnitt zu einer der teuersten Straßen Amerikas. Fast jedes Jahr zerstören Erdrutsche hier den Highway, er muss gesperrt und für viele Millionen Dollar repariert werden. Das dauert mitunter Monate, Teile von Big Sur bleiben dann von der Außenwelt nahezu abgeschnitten. Die Natur schreit förmlich unmissverständlich und wiederkehrend, dass eine Straße hier an dieser Küste nichts verloren hat. Aber Lage und Ausblicke sind einfach zu verlockend und ein Roadtrip auf diesem Abschnitt steht auf unzähligen Bucket-Lists. Deswegen rücken die Bautrupps von CalTrans mit stoischer Regelmäßigkeit im Frühjahr wieder an und gehen ans Werk.

Big Sur ist eine der größten Touristenattraktionen in Kalifornien. Millionen von Besuchern aus der ganzen Welt strömen jedes Jahr hierher an die Küste, und sei es nur für ein schnelles Social-Media-Selfie an der Bixby Bridge. Die Folgen des Overtourism sind längst spürbar: kilometerlange Staus, überfüllte Parkplätze, Müll am Straßenrand. Die Beliebtheit von Big Sur liegt auch an seiner strategisch günstigen Lage. Für geschätzte sieben Millionen Menschen in den Metropolregionen von San Francisco im Norden und Los Angeles im Süden ist die Küste hier nur einen Tagesausflug mit dem Auto entfernt. Die Anwohner fordern deshalb schon seit Langem Shuttlebusse und ein Mautsystem. Bislang weitgehend erfolglos.

Zu den größten Fans von Big Sur gehörte auch Schriftsteller Henry Miller, der mit den Worten zitiert wird: »This is the face of the Earth as the Creator intended it to look.« Fast 20 Jahre hat er hier verbracht und sich vom göttlichen Ausblick inspirieren lassen. Andere Autoren wie Jack Kerouac folgten und machten Big Sur zu einem wilden Paradies der Boheme. Hollywood-Celebrities kamen, Orson Welles und Rita Hayworth, damals seine Ehefrau, kauften nach einem Besuch begeistert eine *cabin*, in der sie angeblich keine einzige Nacht verbracht haben. Heute ist die ehemalige Hütte das »Nepenthe«, eines der beliebtesten Restaurants an der Küste. Zu den Promis in Big Sur gesellten sich Esoteriker, Wissenschaftler, Therapeuten, Schamanen und Gurus aus aller Welt, das Esalen Institute entstand, ein Retreat auf einem sagenhaften Streifen Küste, auf dem vor Tausenden von Jahren die Esselen-Ureinwohner Spuren hinterlassen hatten. Joan Baez hielt hier 1964 einen New Folk Music Workshop, aus dem das jährliche Big Sur Folk Festival wurde. Im Laufe der Jahre sind Joni Mitchell, Crosby, Stills, Nash & Young, Taj Mahal, die Beach Boys und andere Größen der Musikszene aufgetreten.

All der Trubel drängt die eigentlichen Stars der Küste manchmal in den Schatten. Denn das Besondere an Big Sur ist immer noch seine Wildheit und Ungezähmtheit, die es sich bis heute bewahrt hat. Auch wenn der einstige Herrscher, der riesige California

Grizzly, schon lange ausgerottet ist, die Westküste hier bleibt das Reich der seltenen kalifornischen Kondore, Berglöwen, Schwarzbären und Kojoten. Im Pazifik tummeln sich Wale, Delfine und Robben in dichten Kelpwäldern. Eine Schönheit, so überwältigend und einzigartig, dass man sich als Besucher nicht entziehen kann.

Wie neu geboren

Für mich wird die traumhafte Passage aber zu einer mentalen Herausforderung, die mich an die Grenzen bringt: mein Wille gegen meinen Körper. Der gewinnt am Ende des Tages. Der Schmerz im Knie ist zurück. Ich muss absteigen und schiebe die letzten ein, zwei Kilometer bis zum Big Sur State Park. Steht die Tour nun doch auf dem Spiel? Es wäre die erste, die ich nicht zu Ende bringen könnte. Ich greife am nächsten Morgen noch mal zum Handy. Der Empfang reicht unter den Redwoods gerade so für eine kurze Recherche. Ich google: Was tun bei Knieproblemen auf dem Rad? Position

When the sun goes down.
Zeit für Reflexion und Tagebuchschreiben.

der Cleats in der Bindung verändern. Das macht für mich nicht so richtig Sinn, denn ich bin Tausende von Kilometern in dieser Position gefahren, ohne Probleme. Aber ich habe nichts zu verlieren. Also löse ich die Schrauben der Bindungsplatte an der Schuhsohle und rotiere sie leicht nach innen, damit der Fuß eingeklickt in die Außenrotation kommt und so vielleicht das Knie entlastet. Ich steige aufs Rad, probiere, und … der Schmerz ist weg! Als ob jemand den Schalter umgelegt hat. Ich habe sofort das Gefühl, dass ich wieder uneingeschränkt in die Pedale treten kann. *Whaaaat?* Ich hätte schwören können, dass der Außenmeniskus kaputt ist. Und jetzt das? Ein funktionelles, kein anatomisches Problem? Egal, Hauptsache es geht weiter. Und wie! Befreit trete ich in die Pedale, traue mich bei Steigungen endlich auch wieder aus dem Sattel zu gehen. Das Streckenprofil bleibt brutal, die Küste atemberaubend. Und das Knie macht alles ohne weitere Mucken mit.

Ich schaffe es raus aus den Bergen von Big Sur bis kurz vor San Simeon und stoppe sogar noch für ein paar Fotos der Seeelefanten, die dort fast jeden Tag zuhauf an einem Strand abhängen. Ein paar massige Männchen tragen Revierkämpfe aus, die Mädels dösen mit ihren Kälbern im Sand. Das sind nicht die einzigen Tiere, die sich an Kalifornien Küste wohlfühlen. Ein paar Meilen die Straße runter grast friedlich eine Herde Zebras. Einst gehörten sie zum größten Privatzoo der Welt. Denn 500 Meter über dem Meer, auf einem Hügel, liegt der abgefahrenste Ort meiner Reise: Hearst Castle.

Größenwahn oder Geniestreich?

Bisher habe ich einen Besuch von Hearst Castle immer vermieden, dachte, da sieht man nur jede Menge geschmacklosen Kitsch und protzigen Prunk. Den finde ich an diesem Nachmittag schon auch, aber noch so viel mehr, dass ich nur immer wieder *wow!* stammeln kann. *Neuschwanstein meets Disney meets the Smithsonian.* Aber erst mal die beeindruckenden Zahlen und Fakten. 6000 Quadratmeter, 165 Zimmer auf fünf Etagen, 38 sind Schlafzimmer, es gibt 42 Bäder, 14 Wohnzimmer, zwei Bibliotheken, ein Kino, Tennisplätze und einen mehr als 800 Quadratmeter großen Weinkeller. Alles bestens in Schuss gehalten, bis auf den schon erwähnten Zoo, der existiert nur noch als Ruine.

Palast am Meer. Die Front von Hearst Castle wirkt wie eine Kathedrale.

William Randolph Hearst, Zeitungsverleger und Medientycoon, baute ab 1919 fast 30 Jahre an seinem Märchenschloss in den braunen, kalifornischen Hügeln. In den drei Gästebungalows und vielen Zimmern gaben sich Promis die Klinke in die Hand: Charles Lindbergh, Amelia Earhart, Greta Garbo, Charlie Chaplin, Winston Churchill, Rudolph Valentino, Cary Grant, Calvin Coolidge, Clark Gable. Erfrischen konnten sich die Gäste im mehr als 30 Meter langen Neptun-Schwimmbecken im Stil der griechischen Antike, das mit grünem und weißem Marmor gebaut wurde, dazu eine original italienische Tempelfassade und eine klassizistische Kolonnade. Es gibt auch noch einen Indoor-Pool, das Römische Becken, mit blauen und goldenen Muranofliesen, verziert mit echtem Blattgold – natürlich.

Hearst liebte es, Besuch um sich zu haben, und genoss vor allem die gemeinsamen Abendessen im großen Speisesaal. »Refektorium hat er diesen Raum genannt, wie in einem Kloster«, erzählt Jim Allen, mein Tourguide heute. Hearst Castle ist inzwischen ein *state park*. »Das sind Esstische aus einem italienischen

Neptune Pool, eines von zwei Schwimmbädern.
Das Becken ist aus Marmor, die Tempelfassade stammt aus Italien.

Kloster, 17. Jahrhundert. Die Decke ist aus Lindenholz geschnitzt, 16. Jahrhundert. Und die Flaggen an der Wand repräsentieren die verschiedenen Bezirke des alten Stadtstaates Siena.« Das ist das Krasse an Hearst Castle: echte, jahrtausendealte Kunstschätze, die in einer wilden Melange und mit Hingabe für Details hier in Kalifornien recycelt und verbaut wurden. »Fast wie ein Trip nach Europa ohne Reisepass«, sagt Jim. »Man muss ja bedenken, wir sind mitten auf einer Ranch im ländlichen Kalifornien, umgeben von architektonischen Elementen und Kunstwerken aus dem alten Ägypten, aus Rom und der Zeit der europäischen Renaissance. Tapeten von Peter Paul Rubens, ursprünglich in Auftrag gegeben von der französischen Königsfamilie. Später wurden Kopien davon angefertigt. Die hängen jetzt im Louvre, die Originale hier in San Simeon.«

Das meiste hat Hearst bei Auktionen in New York in den 1920er- und 30er-Jahren ersteigert, mitten in der Großen Depression, als man auch in Europa die leeren Kassen wieder füllen musste. Zehn Millionen Dollar soll er damals ausgegeben haben. Wie viel sein

165 Räume gibt es im Schloss.
Die prunkvolle Einrichtung ist von unschätzbarem Wert.

Wine Country im Central Valley.
In Kalifornien reifen einige der besten Weine.

Besitz heute wert ist? Unschätzbar. Die Liste der Objekte ist endlos. Größenwahn oder Geniestreich?

Mich begeistert neben den Kunstschätzen vor allem Hearsts Beharrlichkeit. Gemeinsam mit seiner Architektin Julia Morgan und einigen der besten Handwerker aus der ganzen Welt hat er fast drei Jahrzehnte lang an seinem Traum gearbeitet. Obwohl nie vollendet, steht Hearst Castle auch für den Unternehmergeist der Visionäre, damals wie heute, der in Kalifornien besonders ausgeprägt scheint. Jim denkt, das hat auch was mit dem Wetter zu tun. »Das Setting hier ist inspirierend. Es gibt viele Ähnlichkeiten mit anderen Orten, von denen in der Geschichte großer Fortschritt ausging, beispielsweise während der italienischen Renaissance. Und ich glaube, das trägt dazu bei, wie Menschen denken und sich fühlen. Alle Projekte beginnen hier, zwischen den Ohren. Wenn du dich gut fühlst, stark, gesund, wenn du an einem Ort bist, an dem dir alles möglich scheint, dann schaffst du es auch.«

Das Wetter tut nicht nur der Seele und dem Geist gut, sondern ist auch der Grund, warum Wein in Kalifornien so gut wächst. Mediterranes Klima, warme Tage, kühle Nächte. Der Boden war früher der Grund des Ozeans, mit reichlich Kalzium für die Trauben heute. Deshalb ist die Central Coast von Kalifornien übersät mit Weinbergen und steht dem Napa Valley im Norden in der Qualität der Weine nichts nach.

Aber auch im Meer vor der Küste Kaliforniens wächst, was schon jetzt immer häufiger auf dem Teller landet: Algen. Genauer: Seetang.

Superfood aus dem Ozean

»Das Grüne ist Meeressalat, das Braune Nori. Damit wird Sushi umwickelt«, sagt Juls Marsh. Sie ist Mitgründerin des Start-ups Kelpful, das in San Luis Obispo Produkte aus Kelp und anderen Algenarten herstellt. Wir sind an einem Parkplatz neben dem Highway verabredet, nördlich von Morro Bay. Juls trägt einen auberginefarbenen Neoprenanzug und einen Truckerhut mit dem Kelpful-Logo als Schutz gegen die Sonne. Es ist Ebbe, perfekter Zeitpunkt für die Ernte. Juls drückt mir eine Schere und einen Netzbeutel in die Hand. Dann stapfen wir vom Strand ins seichte Wasser. Auf den

---

Das mediterrane Klima bietet beste Bedingungen. Und auch der Boden ist perfekt für saftige Trauben.

Steinen um uns herum wächst überall Seetang, in unterschiedlichen Farben und Formen. »Bevor ich ernte, danke ich dem Ozean immer erst für diese wundervolle Nahrungsquelle. Es ist wichtig, sich dessen bewusst zu sein«, sagt Juls.

Dann machen wir uns ans Werk. »Wir verpassen den Steinen einen Haarschnitt.« Wie Friseure nehmen wir die Algenblätter zwischen Zeige- und Mittelfinger der linken Hand, schneiden eine gute Portion mit der Schere ab, waschen sie kurz im Meerwasser und stecken sie in den Beutel. »Wir trimmen nur, damit die Algen schnell nachwachsen können«, erklärt Juls. Innerhalb von zwei Wochen schaffen sie das und können wieder geerntet werden. Juls Traum ist eine eigene *seaweed-farm* im Meer. Dazu aber braucht sie eine Genehmigung und viel Zeit. Bis es soweit ist, erntet das Team von Kelpful die wild wachsenden Algen, wie einst schon die Ureinwohner.

»Es ist unmöglich, hier zu verhungern«, sagt Juls, »es gibt überall Nahrung. Und Seetang enthält alle wichtigen Nährstoffe, jede Menge Mineralien und Vitamine.« Wir probieren ein Blatt hellgrünen Meeressalat, frisch vom Stein. Er schmeckt vor allem nach Salz. Aber später, wenn er mit Leitungswasser gewaschen und getrocknet

Juls von Kelpful im Arbeitsoutfit.

ist, wird er zur echten Delikatesse. Zwei Tage dauert das im Schnitt. Anschließend rösten und zerkleinern die Mitarbeiter von Kelpful die Algen und mischen sie unter ihre beliebten »Sea Sprinkles«. Das Gemisch aus Algen und Sesam passt als Topping besonders gut zu Pizza, Pasta, Salat und dem Leibgericht der Hipster in Kalifornien, Avocadotoast.

Dabei sind Algen nicht nur lecker, sie tun auch was für die Meere. »Sie schaffen Ökosysteme, binden Kohlenstoff, helfen gegen die Übersäuerung der Ozeane. Und wir können aus ihnen Nahrung, Futter und sogar Verpackungsmaterial herstellen. Die Vorteile sind unermesslich«, erklärt Juls. Bei alldem sind Algen ähnlich ressourcenschonend wie die Austern von Hama Hama, die ich am Anfang der Reise in Washington probiert habe. Und wer Algen nicht essen möchte, kann es sich mit ihnen trotzdem gut gehen lassen: Kelpful bietet mittlerweile auch Wellnessprodukte aus Seetang an, Gesichtsmasken, Badesalz und Seife aus Kelp und Eukalyptus. »Ich bin Surferin, ich liebe den Ozean, er ist in meinem Blut«, sagt Juls. Deswegen beschäftigen sie der Klimawandel, Nachhaltigkeit und die Ernährung der Zukunft. Vielleicht liege die im Meer, überlegt sie. »Ich will Teil dessen sein. Und ich will Kapitänin auf einem Boot sein und den ganzen Tag im Wasser spielen können.«

Sie erntet regelmäßig Algen an der Küste.

Je weiter nach Süden ich komme, desto brauner werden die Hügel.
Kalifornien leidet seit Jahren unter Dürre.

Southern California

Der zähe Weg bis Mexiko

Juan Rodriguez Cabrillo soll der erste Europäer an Kaliforniens Küste gewesen sein. Im Auftrag des spanischen Königs segelte er 1542 durch den Pazifik und erreichte im September die Bucht, an der heute San Diego liegt. Dort thront er noch immer, als National Monument, hoch oben am Point Loma. Ihm zu Ehren trägt auch der Highway 1 nun den Namen Cabrillo Highway. Zum ersten Mal seit San Francisco verläuft er bei San Luis Obispo für ein Stück gemeinsam mit dem 101. Es wird ein kurzer Tag auf dem Rad. Keine 90 Kilometer in gut vier Stunden. Vor Cayucos verführt mich ein großes Schild: »Best Brown Butter Sea Salt Cookies«. Ich biege auf die Hauptstraße ab und schwelge kurz darauf direkt vor der Bäckerei, auf einer Bank sitzend, in zwei Tüten überirdischer Kreationen aus Butter, Zucker und Meersalz. Das High läßt mich bis nach Pismo Beach fliegen, wo ich Alex begegne. Er ist Anfang 50 und zeltet neben mir. Mit seinem Beach Cruiser will er bis nach Prudhoe Bay am Arktischen Ozean in Alaska. Fast 6000 Kilometer sind das von hier, mit nur einem Gang. »Wenn's zu steil wird, schiebe ich halt«, meint Alex lakonisch.

Eigentlich wollte er die Reise mit einem richtig guten Tourenrad machen, das er sich extra besorgt hatte. Aber nachdem das vor ein paar Wochen geklaut worden war, hat sich Alex für seinen alten Cruiser entschieden. Immer noch besser, als den Traum ganz zu begraben. Durch den offenen Zelteingang sehe ich ein ganzes Arsenal an Arznei, jede Menge Pillen liegen fein säuberlich arrangiert auf einem Handtuch. »Hatte drei Herzinfarkte und eine OP. Im November«, sagt er fast beiläufig. Kein halbes Jahr sei das her. Alex öffnet eine Dose Hard Seltzer, nicht die erste an diesem Abend. Ich dusche, wasche die Kleidung in der Waschmaschine im Nebenraum. Als ich zurückkomme, hat Alex einen großen Topf Pasta

---

Unter Palmen. In Santa Barbara flankieren sie den Trail am Strand.

gekocht. »Für dich«, sagt er und schiebt ihn rüber. Er will erst später essen und macht noch eine Dose Seltzer auf. Während ich die Pasta löffle, erzählt Alex.

Er sei das schwarze Schaf in der Familie, aber seine Mutter in Boston rufe er jeden Tag an. Zweimal hätten Frauen ihm einen Heiratsantrag gemacht, er habe jedes Mal abgelehnt. Er lebt auf einem Boot in San Diego, von dort ist er auch mit dem Rad gestartet. Ob er dahin zurückkommen wird, weiß er noch nicht. Viel lieber würde er von Alaska aus die gesamte Panamericana fahren, bis runter nach Ushuaia in Argentinien. Sein Geld verdient Alex mit *romance novels*, Schmonzetten, die man für wenig Geld bei Walmart kaufen kann. 5000 Dollar pro Geschichte zahlt ihm der Verlag. »Sollte bald mal wieder eine schreiben, damit ein bisschen Kohle reinkommt.« In Vancouver will er sich dafür eine Auszeit nehmen. Keine Ahnung, was an Alex Geschichten dran ist. Ich bewundere ihn aber dafür, nicht aufgeben zu wollen. Gleichzeitig wirkt er traurig, ohne Hoffnung, fast schon irgendwie sehnsüchtig nach dem Tod. Sein Kardiologe jedenfalls hat ihm bestimmt nicht zu einem solchen Mammuttrip geraten, so frisch nach einem Herzinfarkt mit OP.

Von der Blumenhauptstadt nach Dänemark

Der Highway schlängelt sich jetzt für eine Weile von der Küste weg durch Weinberge und braune Hügel nach Lompoc. Die kleine Stadt ist bemerkenswert, gleich aus mehreren Gründen: Hier liegt die Vandenberg-Militärbasis. Im Zweiten Weltkrieg Trainingscamp und Gefangenenlager, auch für deutsche Soldaten. Im Kalten Krieg Testgelände für bewaffnete Raketen, dann auserkoren als Start- und Landebasis für das Space-Shuttle-Programm, aber nie genutzt. Nach dem Challenger-Unglück 1986 wurden die Pläne komplett verworfen und später von hier aus Satelliten ins All geschickt. Seit 2021 ist Vandenberg offiziell Sitz der United States Space Force und der größte Arbeitgeber im Umkreis. Gefolgt vom Gefängniskomplex nebenan und der Kieselgur-Mine. Kieselgur ist ein weißliches Pulver aus vornehmlich fossilen Kieselalgen, das für ganz unterschiedliche Zwecke verwendet wird. Alfred Nobel soll damit und mit Nitroglycerin sein Dynamit geknetet haben. Kieselgur wird außerdem als Filtermedium, für Füllstoffe, Dünger und Schleifmittel eingesetzt.

Das gesellschaftliche Highlight des Jahres in Lompoc ist das Flower Festival am letzten Juni-Wochenende, mit großer Blumenparade am Samstag. Blumen blühen überall in und um Lompoc, wild und kommerziell gezüchtet. Vor 100 Jahren wurden sie vor allem wegen der Samen angebaut, Lompoc galt als »Flower Seed Capital of the World«. Heute wächst ein Großteil der in den USA verkauften Schnittblumen hier. 2004, bei der Amerika-Umrundung, hatte ich gut getimt und war mit der Kamera just in dem Moment zur Stelle, als die ersten Umzugswagen der Flower-Parade auf die Hauptstraße einbogen. Jetzt bin ich ein paar Wochen zu früh dran. Und auch die für mich andere große Attraktion von Lompoc, das asiatische All-you-can-eat-Buffet, ist geschlossen. Also ziehe ich weiter, nach Dänemark. Das liegt keine zwei Radstunden östlich von Lompoc, mitten in den kalifornischen Hügeln.

»Solvang wurde 1911 von dänischen Siedlern gegründet, weil die Gegend hier gut für Ackerbau und Milchviehhaltung war«, sagt Thomas Birkholm, Bäcker in dritter Generation. 1951 kam sein Großvater aus Dänemark und eröffnete Birkholm's Bakery in Solvang. »Mein Vater hat dann übernommen, als mein Großvater in Rente gegangen ist. Und ich versuche das jetzt auch, aber er taucht hier immer noch jeden Tag auf.« Thomas verzieht keine Miene bei dem Gag. Er ist *busy*, knetet in Fließbandgeschwindigkeit kleine runde Zimtkekse für den beliebten »Cookie Tub« mit neun verschiedenen dänischen Butterkekssorten im Plastikeimerchen. Solvang ist eine Touristenfalle, aber auf sehr charmante Weise. Es gibt Fake-Windmühlen, Fake-Fachwerk, ein Hans- Christian-Andersen-Museum, eine Skulptur des dänischen Meisterautors und natürlich eine Replika der Kleinen Meerjungfrau aus Kopenhagen. Das reicht, um Solvang zur »Danish Capital of America« zu machen und jährlich mehr als eine Million Besucher anzulocken. Amerikaner stehen auf Europa, wie wir schon im Hearst Castle eindrucksvoll gesehen haben, egal wie authentisch es präsentiert wird. Und dänisch meint in den USA in erster Linie leckere, gefüllte Plunderteilchen, die hier auch Danish heißen, obwohl das Rezept ursprünglich von österreichischen Bäckern nach Dänemark gebracht wurde. »Es müssen genau 27 Lagen Butter und Teig sein«, erklärt Thomas. Gefaltet und dann gefüllt, mit Quark, Früchten, Schokolade oder Nüssen. Klar, probiere ich und setze die dänischen Plunder umgehend auf meine virtuelle Liste für bestes Soulfood gegen fiese Hungeräste.

Konzentration auf die nichtdominante Seite?

100 Meilen! Ich habe sie offenbar immer noch in mir. Hat man erst 100 Kilometer geschafft, dann ist das die nächste Schallmauer auf dem Rad: 160 Kilometer. Bevor dann die 200-Kilometer-Grenze fällt. Die lange Etappe nach Santa Barbara bezahle ich wieder mit meinem Knie. Nach 140 Kilometern ist der alte Schmerz zurück, an der gleichen Stelle, mit der gleichen stechenden Intensität. Die letzten 20 Kilometer zu Donna werden zur Tortur. Ich will es aber unbedingt schaffen, schließlich hat sie extra wegen mir Gäste eingeladen. Donna ist einer der Engel, der mich nach Bodega Bay gefahren hat, als mein Knie zum ersten Mal versagte. Acht Tage ist das erst her. Auch Laura sitzt im Garten neben dem hübschen Haus in den Hügeln von Santa Barbara. Ich lerne Donnas Mann Nicholas kennen, und Thomas, den Mitbewohner. Es gibt Pasta mit Lachs und Eiscreme zum Dessert. Und Tipps von Thomas, selbst Radfahrer und Coach. »Du musst dich mehr auf deine nichtdominante Seite konzentrieren und auf deinen Körper hören!«, rät er mir am Morgen und drückt mir seine Karte in die Hand. »Counselor, bicycling instructor«, steht drauf.

Ich bin nicht sehr empfänglich für Esoterik. Aber vielleicht hat er doch einen Punkt. Ich habe meinen Körper ignoriert, ihn mit Pillen betäubt und ihm nicht die Ruhe gegönnt, nach der er mehr als deutlich verlangt hat. Trotzdem haben mich Körper und Rad bis hierher gebracht, das Ziel ist jetzt theoretisch innerhalb von einer Woche erreichbar. Den Druck, es zu schaffen, mache ich allein mir selbst. Das erklärt vielleicht auch, warum ich mich ständig mit übermäßigen Kalorien vollstopfe und sicher zehn Pfund zugelegt habe seit dem Start. Ja, in Amerika ist es nicht leicht, beim Radfahren abzunehmen, wenn an jeder Ecke ein DQ, Super Buffet und Bagelshop warten. *Comfort food* gegen Stress, keine gute Formel! Und obwohl ich das alles weiß, kann ich nicht aufhören. Vielleicht sollte ich doch mal zu Thomas auf die Couch, nach der Tour. Für den Moment passt er nur meine Sitzhöhe etwas an und dann verabschiede ich mich.

Später, nach der Reise, werde ich den wirklichen Grund für meine Schmerzen finden, glaube ich. ITBS, Iliotibiales Band-Syndrom.

Die Santa-Barbara-Mission entstand 1786.
Der Camino Real verbindet die 21 Missionen in Kalifornien.

Das Band, das vom Becken am Knie außen vorbei bis zum Schienbein verläuft, ist gereizt. Eines der häufigsten Probleme beim Radfahren. Die Ursache, und da wird's kompliziert, kann so ziemlich alles sein. Sattel zu hoch, Sattel zu tief, Cleats falsch positioniert, ein Bein kürzer als das andere, zu wenig Support vom Radschuh, ungünstige Rotationsbewegung beim Pedalieren. Die Lösung? Bike Fitting, also eine professionelle Analyse, kann Hinweise liefern, am Ende läuft es aber aufs Probieren hinaus, immer und immer wieder, bis man nach Tagen, Wochen, Monaten hoffentlich wieder beschwerdefrei fahren kann – und beim nächsten Mal die Prozedur von Neuem starten muss.

Mit Knieschmerzen nach Hause

Der Highway 1 wird jetzt zu El Camino Real, der über eine Strecke von knapp 1000 Kilometern die 21 alten spanischen Missionen zwischen San Diego im Süden und San Francisco im Norden verbindet. Die in Santa Barbara wurde 1786 von Franziskanern gegründet und sollte die hier lebenden Chumash bekehren und zu vollwertigen Mitgliedern der spanischen Kolonialgesellschaft machen. Das Ergebnis, wie erwartet: Die Chumash wurden dezimiert und ihrer Kultur beraubt. Heute ist die Mission noch immer eine aktive Kirche mit Kloster und Museumsladen zwischen Santa Ynez Mountains und dem Pazifik.

Ich biege auf den von hohen Palmen gesäumten Radweg am Strand, reite weiter, erst nach Ventura, dann nach Oxnard, wo ich mich wie beim letzten Mal verfahre und Mühe habe, wieder zurück auf den Highway 1 zu finden, der zwischenzeitlich zum Freeway wird, also für Radfahrer gesperrt ist. Irgendwann am Nachmittag macht sich das Knie wieder bemerkbar. Dieses Mal an der Innenseite. Ich passe also die Bindung ein weiteres Mal an und hoffe ein weiteres Mal, dass die Probleme damit beseitigt sind. Ein weiteres Mal vergeblich. Mit *Chain Gang* von den Pretenders im Ohr geht es zurück an die Küste. Der perfekte Soundtrack gegen Schmerzen und Motivationsprobleme. Den kleinen UKW-Empfänger hatte ich schon 2004 dabei. Noch immer leistet er mir gute Dienste gegen die Monotonie des Pedalierens und schickt mich mit den Songs auf die *memory lane*. Wer war ich, als das zum ersten Mal im Radio

Endstation der Route 66. Am Santa Monica Pier endet die berühmteste Straße von allen. Zum Glück geht es für mich noch weiter.

SANTA MONICA
66
End of the Trail

Stadt der Engel und Träume. Der Hollywood-Schriftzug war eigentlich nur der Marketinggag eines Grundstücksmaklers.

lief? Wo war ich? Und wie ging's dann weiter? Diese Ausflüge sind manchmal melancholisch, meistens amüsant und immer eine willkommene Ablenkung gegen Steigungen und viel zu viel Verkehr.

Ich bin fast zu Hause. Culver City ist seit 2009 meine offizielle Adresse in den USA. Kerstin lebt dort zusammen mit ihrem Mann Eddie und Hündin Esty. Auch Kerstin hatte ich 2004 kennengelernt, bei meiner Umrundung Amerikas. Damals war sie ARD-Korrespondentin fürs Radio, hat sich danach selbstständig gemacht und schreibt inzwischen auch Gedichte und Bücher. Jeder meiner Amerika-Sommer beginnt und endet hier. Weil Loretta, mein Vintage-Truck, über den Winter in Culver City parkt, Kerstin meine Post sammelt und ich bei den Dreien jederzeit Unterschlupf finde.

Die Etappe von Malibu nach Südosten ist mir vertraut. Immer wieder bin ich sie in den letzten Jahren gefahren, als Trainingsritt und weil sie so ein wohliges Urlaubsgefühl vermittelt. Nach den Traumstränden und *million dollar homes* in Malibu folge ich einem Radweg, der mich am Strand zum Santa Monica Pier bringt. Hier endet mit einem Schild die berühmteste Straße von allen, die Route 66. 2013 war das der Endpunkt bei meiner Amerikadurchquerung von New York nach Los Angeles. Zum Glück geht es jetzt noch ein bisschen weiter. Erst durch den Trubel von Venice Beach, dann ein paar Kilometer landeinwärts zum Bungalow von Kerstin und Eddie. Ich bleibe nur eine Nacht, will am nächsten Tag gleich weiter durch die »Surf Cities« bis nach San Diego. Und die »Stadt der Engel«? Es ist wie so oft: Was vor der Haustür liegt, wirkt nicht so verlockend und bekommt deshalb nicht die Aufmerksamkeit, die es verdient. Das war schon in meiner Zeit in München so und ist bei LA nicht anders. Während jährlich 50 Millionen Menschen den Großraum Los Angeles besuchen, kann ich meine bisherigen Ausflüge in die Downtown an einer Hand abzählen. NBA-Spiel von den Lakers, Keith-Urban-Konzert, Andy Warhol im Broad Museum, Peach Cobbler in der kultigen Saddle Ranch @ Sunset, Hollywood Walk of Fame mit meinen Nichten. Mit der zweiten Hand zähle ich frühestens nach Ende dieser Tour weiter. Vielleicht.

Der schnellste Radfahrer der Welt ist eine Frau

Viel zu viele Ampeln in den Industriegebieten und »Surf Cities« südlich von LA bremsen mich immer wieder. Ich fahre vorbei an Raffinerien, Müllhalden, Schrottplätzen, Obdachlosencamps auf dem Bürgersteig. »Fuck you!«, ruft mir eine Passantin zu, einfach so, ohne Anlass. Ein Autofahrer versucht mich von der Straße zu hupen und überholt dann rasant und ohne Abstand. Bei Camp Pendleton, mit 50 000 Hektar eine der größten Militärbasen für Marinesoldaten der USA, werden Radfahrer aus Sicherheitsgründen auf die Autobahn umgeleitet. Es geht natürlich um die Sicherheit des Militärs, nicht die der Radfahrer. Und dabei ist Interstate 5 eine der meistbefahrenen Straßen in Südkalifornien. Der Seitenstreifen ist zwar breit genug, trotzdem werden die knapp 15 Autobahnkilometer für mich die stressigsten der Tour. Der Fahrtwind der Trucks droht mich jedes Mal beim Überholen in die Leitplanke zu drücken. In Oceanside muss ich die Interstate dann wieder verlassen, zum Glück. Rad und Knie haben gehalten. Jetzt sind es nur noch 100 Kilometer bis zum Ziel. Meine letzte Etappe.

Einen Zwischenstopp muss ich aber noch einlegen, bei Jodi Blueskies. Nach 160 Kilometern erreiche ich an diesem Abend erst im Dunkeln ihr Haus in Carlsbad. Jodi habe ich auch über »Warmshowers« im Internet gefunden. Blueskies ist nicht ihr richtiger Name. Lange Geschichte, keine schöne. Sie deutet sie nur an, als wir gegen 23 Uhr ein paar Shrimps in Cocktailsoße dippen und reden. Über meinen Trip und ihre Leidenschaft fürs Radfahren. Jodi fährt Ultrarennen. Wo ich aufhöre, fängt sie erst richtig an.

Der Frauenexpress. Wenn Jodi und Denise in die Pedale treten, haben Männer meist das Nachsehen.

Ihre extrem ausgeprägte Beinmuskulatur, die manchen Bundesligakicker wie einen Hänfling aussehen lässt, spiegelt die vielen Tausend Trainings- und Rennkilometer wider.

Ihre Freundin Denise ist noch krasser drauf. Aktuell hält sie den Geschwindigkeitsweltrekord für Radfahrer. Am 16. September 2018 fuhr Denise Mueller-Korenek in den Bonneville Salt Flats von Utah, wo auch alle anderen Geschwindigkeitsrekorde mit zwei und vier Rädern aufgestellt wurden, unfassbare 296 Stundenkilometer! Kein Scherz. Ja, es war natürlich ein Spezialbike und Denise hatte ein Pacemaker-Fahrzeug, in dessen Windschatten sie beschleunigen konnte. Trotzdem unvorstellbar. Hin und wieder leihen sich Denise und Jodi ein Tandem-Rennrad und machen sich einen Spaß daraus, auf dem Pacific Coast Highway männliche Rennradler abzuhängen.

Jodi begleitet mich am nächsten Tag auf ihrem Rennrad für eine Weile. Dann bin ich wieder allein, wie ganz am Anfang der Reise in Washington vor fast vier Wochen. Nur Verkehr und Trubel sind hier im Süden deutlich dichter. Stop-and-go auf dem Asphalt, Surfer im Meer. Kalifornien zwischen Klischee und Wirklichkeit. Encinitas, Cardiff, Solana Beach, Del Mar. Und dann San Diego. Traumstadt am Meer – wenn man Städte mag. Eigentlich sogar eine Doppelstadt, denn Tijuana in Mexiko und San Diego trennt nur ein Grenzzaun. Mein Ziel.

Bis dahin sind es aber noch ein paar Kilometer. Ich halte mich am Wasser, radle um die Bay am Flughafen vorbei zum Hafen, wo die Arbeiter in den Thunfischfabriken einst den Fang der amerikanischen Thunfischflotte zu Dosenfisch verarbeiteten und San Diego zur »Tuna Capital of the World« machten. Man geizt nicht mit Superlativen im Land des unbegrenzten Größenwahns. Das ist lange her. In Sichtweite der alten Lagerhallen liegt ein Viertel, das sich vom Ghetto zum bunten Anziehungspunkt für Touristen gemausert hat und vom Staat Kalifornien sogar als einer von nur 14 »Cultural Districts« ausgezeichnet wurde.

Wo die *Chicanos* ihre Kultur feiern

»Sowas gibt es nirgendwo sonst in den Staaten. Es ist so authentisch *chicano*«, sagt Alexandra Perez Demma über Barrio Logan, wo sie an der Logan Avenue einen kleinen Geschenkeladen betreibt. »Tassen, Sticker, T-Shirts, alles, was unsere Kultur repräsentiert.« Alexandra meint die Kultur der mexikanisch-stämmigen Amerikaner. Sie selbst ist in Cabo San Lucas in Mexiko aufgewachsen und

2007 hierher gezogen. Nach einer Ausbildung als Kunstschmiedin hat sie Schmuck entworfen und will jetzt mit dem eigenen Laden auch anderen lokalen Künstlern eine Plattform bieten. Außerdem engagiert sich Alexandra ehrenamtlich für den Gewerbeverband von Barrio Logan, der es sich auch zur Aufgabe gemacht hat, die Kultur und Traditionen zu bewahren. »Wir sind als Gemeinde gefährdet. Die Downtown ist nicht weit weg und Gentrifizierung eine echte Bedrohung. Die Gegend hier ist extrem begehrt.« Alexandra befürchtet, dass die *Chicanos* verdrängt werden von wohlhabenden Hipstern und Investoren, die das Viertel bald für sich beanspruchen könnten. »Wir versuchen alles, damit es authentisch bleibt und wir unseren Wurzeln und den Vorfahren treu bleiben können.«

Das Herzstück von Barrio Logan ist Chicano Park, nur ein paar Blocks von Alexandras Laden die Straße runter. »Chicano Park ist der Anker für unser kulturelles Zentrum hier in San Diego«, sagt Hector Villegas, *born and raised* in Barrio Logan. »Heilig wie die Klagemauer oder Mekka. Das hier ist das einzige Stück Land, das

Alexandra Perez Demma vor ihrem Laden »Simón Limón« in Barrio Logan. Sie will mithelfen, die Kultur der *chicanos* zu bewahren.

Mehr als 100 Wandgemälde gibt es in Barrio Logan.
Die meisten im Chicano Park, dem kulturellen Zentrum der Latinos.

U.F.W

wir noch haben und mit dem wir uns identifizieren können.« Hector sitzt im Vorstand des Chicano Park Museum and Cultural Center, und er ist der Präsident der Barrio Logan Association, in deren Vorstand auch Alexandra sitzt. Vor allem aber ist Hector Künstler. Er malt *murals*, riesige Gemälde auf Wänden und Betonpfeilern. Mehr als 100 gibt es davon im Chicano Park, einer der Gründe, warum Barrio Logan bei Besuchern so beliebt ist. »*Murals* sind seit Tausenden von Jahren Teil unserer Kultur. Du findest sie schon in den alten Tempeln und Ruinen. Damit erzählen wir Geschichten«, sagt Hector. Wir schlendern die Logan Avenue runter zum Park. Vor den Läden flattern bunte Fähnchen im Wind, es gibt Verkaufsstände, Restaurants. An einer Ecke wummern dicke Lautsprecher, Yacht-Rock statt Latin-Pop.

»Das hier ist seit den 1890er-Jahren eine mexikanische Gemeinde. Eine Menge Leute sind wegen der Thunfischfabriken hierher gezogen«, erklärt Hector. »Damals durften wir nirgendwo anders leben. Und jetzt versuchen wir zusammenzuhalten, sonst wäre das hier schon längst verloren.« Hector spielt auf den Bau der

Hector Villegas vor einem seiner *murals* im Chicano Park.
»Seit Jahrtausenden erzählen wir damit Geschichten.«

Interstate 5 und der Brücke nach Coronado in den 1960er-Jahren an. Dafür wurden viele Wohnhäuser und Geschäfte in Barrio Logan abgerissen. Das Viertel verschwand unter einem unansehnlichen Gewirr aus Betontrassen, getragen von wuchtigen Betonpfeilern. Als Ausgleich sollten die Bürger von Barrio Logan wenigstens einen Park bekommen. Die Bauarbeiten aber verzögerten sich und wurden schließlich ganz verworfen, denn die Stadt wollte auf dem Gelände stattdessen ein neues Polizeirevier bauen, mit jeder Menge Parkplätze für Einsatzfahrzeuge. Da gingen die Bürger auf die Barrikaden und besetzten das Areal zwölf Tage lang, bis Stadt und Staat nachgaben. Das war auch die Geburtsstunde der *murals* im Chicano-Park. Seitdem haben immer mehr Künstler den tristen, grauen Beton als Leinwand genutzt. Hector hat inzwischen drei *murals* hier gemalt, eines auf einer Wand des Toilettengebäudes und zwei auf Betonpfeilern.

»Sie sind relativ klein. Aber das war eine große Sache für mich, weil ja so viele Menschen hierher kommen«, sagt Hector. Das eine Gemälde heißt *Mexikota* und zeigt den Schild eines Kriegers, in Herzform, geschmückt mit Federn, umgeben von den Farben Rot, Gelb, Weiß, Schwarz für die vier Himmelsrichtungen. Der Name ist eine Fusion aus »Mexican« und »Lakota«, der größten Gruppe der Sioux. Beide Völker haben viel gemeinsam, sie sind Brüder, sagt Hector. »Viele Chicanos folgen dem Weg der Lakota. Sie haben viele von uns adoptiert.«

Hectors Werdegang zum anerkannten Künstler und Lehrer war lang und krumm. Er saß ein paarmal im Gefängnis, meist wegen Lappalien, erzählt er. »Die Polizei hier verhaftet dich wegen jeder Kleinigkeit. Gangs wurden verboten. Du darfst dich nicht mal mit deinen Cousins treffen, sonst landest du im Knast.« Dabei seien die Gangs nicht nur gewalttätig gewesen, sie standen auch für einen gewissen Stolz, sagt Hector. »Die Menschen in Barrio Logan lebten damals wie in einer Blase, mit ihrer eigenen Kultur, Musik, Tänzen, Essen und Kunst.« Die alten Meister haben Hector dann unter ihre Fittiche genommen. 2011 half er mit, einige der älteren *murals* zu restaurieren. »Chicano Park ist das Land der Kumeyaay, der Ureinwohner von San Diego«, erklärt Hector, »die wollen wir als unsere Brüder ehren, Chicano Park gehört allen.« Die Entwurzelung verbinde die Menschen, findet Hector, Ureinwohner wie Chicanos. »Die US-Regierung will uns hier nicht. Sie sagen ›Geh' zurück nach Mexiko!‹ Und in Mexiko sagen sie, ›Mann, du bist nicht von hier, du bist aus den USA!‹ Da sitzen wir also in der Klemme und stecken fest.«

Finish am Todesstreifen

Es wird ein zäher Endspurt. Ich entscheide mich für die Fähre nach Coronado und folge dem Radweg schnurstracks nach Süden. Der Wind hat inzwischen aufgefrischt und bremst die Fahrt. Plötzlich verliert der Vorderreifen Luft. Echt jetzt? Meinen einzigen Platten der Tour habe ich kurz vorm Ziel. Ich beeile mich mit dem Schlauchwechsel. Es wird ein Lauf gegen die Sonne, die sich viel zu früh zum Meer senkt. Der stählerne Grenzzaun zieht sich über den Hügel links von mir. Irgendwann endet die Straße, der Asphalt ist jetzt aufgerissen. Die letzten Meter fahre ich auf Sand. Dann sehe ich das Meer. Die Sonne ist gerade versunken.

Ein weißgrüner Border-Patrol-Wagen vom Grenzschutz parkt am Strand. Der Strand wirkt wie ein Todesstreifen. Auf der anderen Seite hingegen flanieren Menschen, unterhalten sich ausgelassen, Musik spielt, Kinder springen ins Wasser, Strandverkäufer preisen Snacks und Souvenirs an. Bunte Häuserfassaden neben der riesigen Stierkampfarena von Tijuana, Palmen, Sonnenschirme. Mexiko lebt. Da möchte ich sein und feiern. Stattdessen endet meine Reise hier, wo der Grenzzaun bis ins Meer reicht, unspektakulär, nüchtern.

Radeln. Essen. Schlafen. Knapp einen Monat gab es für mich nichts anderes. Ich bin wehmütig, wie immer am Ende einer Reise,

traurig darüber, dass sie nun vorbei ist. Vielleicht war es die letzte mit dem Rad – mit Blick auf das überforderte Knie. Ich bin dankbar, dass ich die West Coast noch mal so erleben durfte, entschleunigt, manchmal gebremst, dafür mit dem Blick für sonst Übersehenes. Oft fällt es mir schwer, Touristenattraktionen zu genießen, ich fühle mich überwältigt von den Menschenmassen, dem Trubel, den Eindrücken. Das ging mir auch lange bei der West Coast so. Aber gerade bei dieser Tour habe ich erfahren, dass sie neben den bekannten Highlights genauso für Wildnis, Einsamkeit und *small town America* steht. Die raue Küste, der unendliche Ozean und der weite Horizont lösen etwas aus, das tiefer geht als die reine Freude über die Schönheit der Landschaft. Sie befriedigen eine unbändige Sehnsucht nach Freiheit und Grenzenlosigkeit. Orte wie diese berühren unsere Seele, wie ein Traum, der niemals aufhören soll.

Es ist dunkel geworden. Das grelle Licht von Scheinwerfern auf ewig hohen Masten schneidet durch die Nacht, wirft die Schatten des Zauns auf den mexikanischen Sand. Ich schiebe mein Rad durch den amerikanischen zurück auf den brüchigen Asphalt, schalte die Beleuchtung an und fahre zurück Richtung Norden. Dahin, wo alles anfing.

Der Grenzzaun trennt zwei Welten. Auf der anderen Seite liegt die quirlige Strandpromenade von Tijuana, Mexiko.

Wehmut und Melancholie statt Triumph. Zum Glück ist nach der Reise auch immer vor dem nächsten Abenteuer.

Vancouver
Peace Arch Historical State Park
Bellingham
Anacortes
Deception Pass
Forks
Olympic Peninsula
Port Townsend
Seattle
PAZIFISCHER
OZEAN
WASHINGTON
Spokane
Cape Disappointment
Astoria
Columbia River
Tillamook
Portland
OREGON
Heceta Head Lighthouse
Florence
Eugene
Coos Bay
Face Rock
Bandon
Port Orford
Crescent City
Redwood-Nationalpark
Ferndale
Lost Coast
Humboldt Redwoods State Park
Leggett
Fort Bragg
Großer Salzsee
Salt Lake
Sierra Nevada
Lake Tahoe
Sacramento
Gualala
Bodega Bay
Samuel P. Taylor State Park
Golden Gate Bridge
San Francisco
San Jose
Santa Cruz
Carmel-by-the-Sea
Big Sur
CALIFORNIA
Hearst Castle
San Simeon
San Luis Obispo
Lompoc
Solvang
Santa Barbara
Los Angeles
Malibu
San Diego
Barrio Logan
Phoenix
N
0
250 km

Dank

Danke an …

… meinen Verlag, Susanne Then, Susanne Caesar, Joachim Hellmuth, vor allem dafür, dass ihr an das Buch von Anfang an geglaubt habt.
… Claudia fürs Mitreisen, Fotografieren, Organisieren und so viel mehr.
… Connie und Chris für die großzügige Einladung in euer schönes Heim, das zu meiner kreativen Schreiboase wurde.
… Bayern 2, Alex, Till und die Redaktion dafür, dass ihr im Programm immer Platz macht für meine Geschichten und dafür, dass ihr euch auf den Wahnsinn »50 States« eingelassen habt.
… Tatonka, Andreas und Team für 20 Jahre Partnerschaft, ein kuscheliges Zeltdach überm Kopf bei jeder Tour und euren großzügigen Support. Happy Birthday!
… Ortlieb, Volker und Team für die beste Ausrüstung, die man sich am Rad wünschen kann, zuverlässig, praktisch, cool und natürlich wasserdicht, Made in Germany ;-)
… Cube, Matthias und Team für das geilste Rad, das je gefahren bin! Und die schicken Funktionsklamotten. Das macht großen Spaß mit euch!
… Brand USA und die vielen Unterstützer *on location*, das Team von Port of Seattle, Liz Johnson, Travel Oregon, Petra Hackworth, Greg Eckhardt, Gabriella Linquist, Elena Vizzini, Kathera Woodbridge und Lucinda DiNovo vom Mill Casino, Jim Allen und alle deutschen Agenturen, die uns schon seit vielen Jahren mit tollen Tipps und Kontakten unterstützen.
… Case, Cindi und die Warmshower Hosts und Mitradler auf dem Highway für die Hilfe, Gastfreundschaft und euren Spirit.

Und natürlich an alle, die ich unterwegs getroffen habe, für eure Zeit, euer Vertrauen und eure Geschichten.

Wenn ihr mehr von der schönsten Küstenstraße der Welt hören und vor allem auch sehen wollt: Ich erzähle von dieser Reise auch in der neuen Live-Reportage »West Coastin'« auf Tour und im preisgekrönten Podcast »50 States«, den ihr kostenlos in der ARD-Audiothek findet und überall, wo es Podcasts gibt.

Falls ihr mal mit mir nach Amerika reisen wollt: Wir organisieren seit Jahren Spendenreisen, unter anderem zum Yukon in Alaska und durch Amerikas wilden Westen und zum Missouri River. Infos und Termine findet ihr unter:

www.dirk-rohrbach.com

Da könnt ihr euch auch in unseren Newsletter eintragen und erfahrt, wann wir zusammen mit der Canon Academy Foto-Workshops organisieren oder wann die nächste Fotosafari zu Amerikas Naturwundern stattfindet. Dort gibt es außerdem einen Link zu unserem Verein Tatanka Oyate zur Unterstützung indigener Völker e.V. mit News zu den Hilfsprojekten und darüber, wie ihr mithelfen könnt, die Sprachen und Kulturen der Ureinwohner Amerikas zu bewahren.

Impressum

Verantwortlich: Susanne Then
Lektorat: Dr. Juliane Braun
Satz: Akademischer Verlagsservice Gunnar Musan
Korrektorat: Christiane Gsänger
Kartografie: Huber-Kartographie
Repro: LUDWIG:media
Umschlaggestaltung: Mathias Frisch
Herstellung: Bettina Schippel
Printed in Slovenia by Florjancic

Unser komplettes Buchprogramm finden Sie unter:
www.nationalgeographic-buch.de

Alle Angaben dieses Werks wurden vom Autor sorgfältig recherchiert und auf den neuesten Stand gebracht sowie vom Verlag geprüft. Sollte dieses Werk Links auf Webseiten Dritter enthalten, so machen wir uns die Inhalte nicht zu eigen und übernehmen für die Inhalte keine Haftung.

In diesem Buch wird aus Gründen der besseren Lesbarkeit das generische Maskulinum verwendet. Weibliche und anderweitige Geschlechteridentitäten werden dabei ausdrücklich mitgemeint, soweit es für die Aussage erforderlich ist.

Bildnachweis: Alle Aufnahmen stammen Dirk Rohrbach, außer: Claudia Axmann: Titelcover, S. 4, 46/47, 52/53, 54, 62/63, 66, 112, 133, 137, 153, 166/167, 168, 175, 188/189.

Die Deutsche Nationalbibliothek verzeichnet diese Publikation in der Deutschen Nationalbibliografie; detaillierte bibliografische Daten sind im Internet über http://dnb.d-nb.de abrufbar.

ISBN 978-3-86690-800-0

Seit ihrer Gründung 1888 hat sich die National Geographic Society weltweit an mehr als 14 000 Expeditionen, Forschungs- und Schutzprojekten beteiligt. Die Gesellschaft erhält Fördermittel von National Geographic Partners LLC, unterstützt unter anderem durch Ihren Kauf. Ein Teil der Einnahmen dieses Buches hilft uns bei der lebenswichtigen Arbeit zur Bewahrung unserer Welt. Das legendäre NATIONAL GEOGRAPHIC-Magazin erscheint monatlich. Darin veröffentlichen namhafte Fotografen ihre Bilder, und renommierte Autoren berichten aus nahezu allen Wissensgebieten der Welt. National Geographic im TV ist ein Premium-Dokumentationssender, der ein informatives und unterhaltsames Programm rund um die Themen Wissenschaft, Technik, Geschichte und Weltkulturen bereithält. Falls Sie mehr über National Geographic wissen wollen, besuchen Sie unsere Website unter www.nationalgeographic.de.